지은이 이반 키리오우
프랑스의 과학 저널리스트이자 과학사 박사입니다. 다양한 과학 주제에 관심을 가지고 연구를 하고 있으며,
대중적이고 흥미로운 과학 관련 책들을 펴내고 있습니다.

지은이 리아 밀센트
프랑스 파리 제6대학(피에르 마리 퀴리 대학)에서 심리 측정학 학위를 따고 골병증과 신경 과학 및 통증 연구 및 실습,
소아과·산부인과·내분비 학과 교육 이수, 수동 치료 전문 교육을 받았습니다. 통증과 근육 관련 컨설턴트로 활동하고 있으며,
정기적으로 강의 및 교육, 상담을 하면서 과학과 의학 관련 책을 쓰고 있습니다.

옮긴이 김성희
부산대학교 불어교육과와 동대학원을 졸업하고 현재 전문 번역가로 활동 중입니다.
주요 역서로는 《대단하고 유쾌한 과학 이야기》, 《우유의 역습》, 《철학자들의 식물도감》, 《부엌의 화학자》,
《인간의 유전자는 어떻게 진화하는가》, 《분류와 진화》, 《죽는다는 것은 무엇인가》, 《인체와 기계의 공생 어디까지 왔나》,
《물질은 어떻게 생명체가 되었을까》, 《예술의 기원》, 《최초의 도구》, 《아들아 넌 부자가 될 거야》, 《부모의 심리백과》,
《생의 마지막 순간 나는 학생이 되었다》, 《심플하게 산다》, 《방랑자 선언》, 《세상에는 없는 미술관》, 《착각을 부르는 미술관》,
《세상을 바꾼 작은 우연들》 등이 있습니다.

초판 1쇄 발행 2022년 5월 20일 | 지은이 이반 키리오우·리아 밀센트 | 옮긴이 김성희
펴낸곳 보랏빛소 | 펴낸이 김철원 | 책임편집 김이슬 | 마케팅·홍보 이태훈 | 디자인 진선미
출판신고 2014년 11월 26일 제2015-000327호 | 주소 서울시 마포구 포은로 81-1 에스빌딩 201호
대표전화·팩시밀리 070-8668-8802 (F)02-323-8803 | 이메일 boracow8800@gmail.com
ISBN 979-11-90867-68-9 (74400)

Copyright © Larousse 2017
21 rue du Montparnasse - 75006 Paris
Written by Ivan Kiriow and Léa Milsent
Original Title : Le Zapping des Sciences

All rights reserved.
No part of this book may be reproduced or transmitted in any form or by any means,
electronic or mechanical, including photocopying, recording, or by any information storage and retrieval system,
without the written permission of the publisher.

Korean language edition © 2022 by Borabitso Publishing Co.
Korean translation rights arranged with Editions LAROUSSE through Pop Agency, Korea.

• 이 책의 한국어판 저작권은 팝에이전시(POP AGENCY)를 통한 저작권사와의 독점 계약으로 보랏빛소가 소유합니다.
• 신 저작권법에 의하여 한국 내에서 보호를 받는 저작물이므로 무단전재와 무단복제를 금합니다.

과학적 사고력을 키워 주는
필독 교양 백과

은근히 재미있는 과학책

지구와 우주

이반 키리오우·리아 밀센트 지음 | 김성희 옮김

보랏빛소 어린이
Borabit Cow

 **일러두기**

1. 본문에 나오는 인명, 지명, 용어 등은 국립국어원의 표기법을 따르되, 경우와 필요에 따라 역자나 편집자가 임의로 선택하였습니다.
2. 프랑스 원서 특성상 본문에 수록된 사례나 통계가 프랑스를 기준으로 작성되어 있습니다. 그중 가능한 부분은 편집부에서 임의로 유사한 국내의 사례나 통계로 교체하였습니다.

추천사

과학이란 지식의 총합이 아니라 생각하는 방법이고 세상에 대한 태도다. 하지만 방법과 태도는 지식이 있어야 생기는 법. 교양 과학의 세계에 들어가기 위해서 생명, 진화, 지구, 우주, 인체, 기술 등 과학의 전반적인 부분을 짧고 명료하게 정리한 과학 백과 사전 같은 책이 집집마다 필요한 이유다. 《은근히 재미있는 과학책》은 이 역할을 충실히 담당하는 시리즈다.

-이정모 (국립 과천과학관장)-

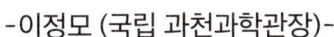

과학을 공부하기 시작하는 학생들에게 '과학'은 무엇보다 쉽고, 재미있어야 한다. 어려운 용어와 긴 설명은 '과학'으로부터 멀어지게 할 수 있기 때문이다. 이 책은 과학의 발달 과정에서 중요한 역할을 했던 과학자와, 과학사에 영향을 미친 주요 사건들을 흥미로운 제목과 간결한 문체로 스토리를 구성하여 제시하고 있다. 이제 막 과학을 공부하기 시작하는 학생들과 술술 읽히는 '과학 교양서'를 찾고 있던 성인 독자에게 이 책을 권하고 싶다. 이 책을 통해 '우리는 대체 어디에서 왔는지, 무엇으로 이루어져 있는지, 어떻게 살아가야 하는지'에 대한 해답을 찾을 수 있을 것이다.

-장성민 (현 선덕고등학교 화학 교사, 전 EBSi 화학논술 대표 강사)-

차례

추천사 • 3

1. 지구를 이해하다 • 6
지구의 내부는 어떤 모습일까? • 8
땅속에서 알아낸 지구의 과거 • 10
방향을 찾아라! • 12
결정체의 정체 • 14
온도의 변화 • 16
지구가 움직여요! • 18
지구가 지닌 보이지 않는 힘 • 20
수면 아래의 세상 • 22
바람 속의 과학 • 24
해저 탐사 : 깊은 바닷속 여행 • 26
가이아 이론 : 지구가 살아 있다고? • 28

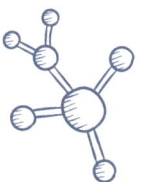

2. 자원을 이용하다 • 30
연료와 에너지 • 32
X선과 방사능 • 34
핵무기 : 과학과 재앙 • 36
만능 소재 : 폴리머 • 38
지구가 뜨거워져요! • 40
식물과 유전학 • 42
에너지를 절약하는 공간 설계 • 44
재미있는 분자 이야기 • 46
세균과의 전쟁 • 48
우리의 과제 : 쓰레기를 처리하라! • 50
우리 곁의 유기농 • 52
미래의 에너지는? • 54

3. 우주를 탐험하다 · 56

빅뱅 : 태초의 폭발! · 58
빅뱅과 빅바운스 · 60
프톨레마이오스와 하늘 지도 · 62
최초의 근대 과학자 코페르니쿠스 · 64
르네상스 시대의 천재들 · 66
진공은 존재할까? · 68
갈릴레이 : 그래도 지구는 돈다! · 70
밤하늘의 별자리 · 72
천문학의 도구 : 망원경의 발달 · 74
브라헤와 케플러 · 76
천문학 역사의 10대 천문대 · 78
달의 여러 가지 모습 · 80

우주에 또 다른 생명체도 있을까? · 82
천문학 역사의 10대 발견 · 84
우주의 미스터리 : 블랙홀 · 86
태양의 이모저모 · 88
우주 정복에서 우주 탐사로 · 90
암흑 물질과 암흑 에너지 · 92
화성으로 가다 · 94

찾아보기 · 96
이미지 자료 출처 · 97

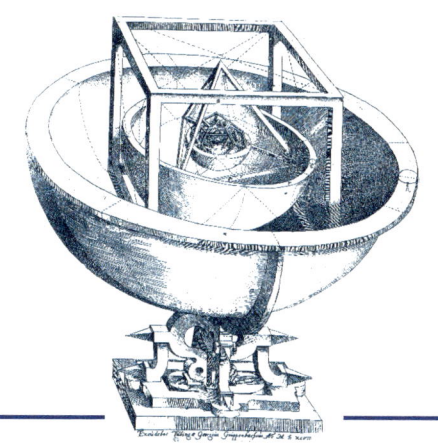

지구를 이해하다

어마어마한 도전!

프랑스의 소설가 쥘 베른의 소설 《지구 속 여행》에는 지구의 중심까지 뚫고 내려가 탐험을 하는 흥미진진한 이야기가 실려 있어요. 하지만 이런 일은 아직까지 현실에서는 불가능해요. 지금까지 인간이 가장 깊이 판 구멍의 깊이는 고작 12킬로미터에 불과하니까요. 지구의 가장 바깥층인 지각도 뚫지 못했답니다. 그런데 지구의 중심까지 도달하려면 무려 수천 킬로미터를 더 뚫어야 하거든요!

지구는 지름이 1만 2700킬로미터가 넘는 거대한 행성이에요. 이런 지구를 이해하기 위해서는 방대한 규모의 연구가 필요해요. 인간에게 주어진 실로 어마어마한 도전이라고 할 수 있지요. 그래서 사람들은 도전을 포기했을까요? 전혀요! 지구의 기원부터 생명의 기원에 이르기까지 다양한 탐구를 끊임없이 계속하고 있답니다. 비록 지구의 중심까지 직접 뚫고 들어가 그 속을 들여다볼 수는 없지만 관찰이나 측량, 계산 등 간접적인 방법으로 지구의 비밀을 계속 파헤치고 있어요. 그 결과 우리는 오늘날 크기와 무게, 형태 등 지구에 대해 꽤 많은 것을 알고 있어요. 그리고 이런 지식들을 바탕으로 계속해서 새로운 발견을 해 나가고 있지요.

탄소는 생명에 꼭 필요한 원소 중 하나예요. 최근 연구에 의하면, 탄소가 약 44억 년 전 지구와 소행성의 충돌로 인해 생겨났을지도 모른다고 해요. 2016년에는 위성을 이용해 지구의 자기장을 분석했고, 그 결과를 바탕으로 지구의 중심에 있는 액체 상태의 철이 매년 40킬로미터씩 이동하고 있는 것 같다는 의견도 나왔지요. 이런 새로운 이론들의 등장은 지구를 이해하기 위한 사람들의 노력이 끊임없이 계속되고 있다는 것을 의미한답니다.

아직 밝혀내지 못한 수많은 비밀들

지구에 대한 연구는 결국 사람을 위한 것이에요. 우리가 지구에 대해 아는 것이 많아질수록 더 안전하고 나은 삶을 살 수 있기 때문이지요. 지금 우리는 지구 표면에서 일어나는 기압과 기류, 온도 등 미세한 변화를 살필 수 있는 기술을 갖추었을 뿐만 아니라 지진계 등을 통해 지구 깊은 곳의

위성에서 본 지구의 요철

움직임까지 감지할 수 있어요. 덕분에 지구 곳곳에서 일어나는 변화를 관찰하고 예측하여 많은 위험을 피할 수 있지요.
그러나 아직도 우리는 지진, 화산 폭발 등 예측을 벗어난, 혹은 전혀 예상하지 못했던 자연의 기습에 당황할 때가 많아요.
'돌리네'라고도 불리는 싱크홀 현상은 예측이 힘든 대표적인 자연재해예요. 주로 미국에서 많이 나타나는데, 석회암 지대의 땅이 갑자기 커다란 구멍이 생긴 것처럼 아래로 푹 꺼지는 현상이에요. 이런 싱크홀은 서서히 형성되는 경우도 있지만 예고 없이 순식간에 나타나 사람들을 놀라게 해요.
갑자기 하늘에서 작은 물고기나 개구리, 새우, 새 혹은 수천 마리의 거미 등이 쏟아져 내리는 이른바 '동물비' 현상도 아직 원인을 밝혀내지 못한 자연재해 중 하나죠. 예전에는 이런 일들을 두고 하늘이 내리는 재앙이라고 생각하기도 했지요. 하지만 이제 우리는 이것이 과학으로 풀어야 할 비밀이라는 것을 알아요. 이처럼 우리는 지구에 대해 많은 것을 알아냈지만 아직도 밝혀내지 못한 비밀들이 더 많이 남아 있답니다.

지구를 보호하라!

지구에 대해 탐구하며 사람들은 지구가 끊임없이 창조와 파괴를 반복하는, 살아 움직이는 존재라는 사실을 알게 되었어요. 그리고 우리가 지구와 더불어 살아가기 위해서는 해야 할 일이 있다는 것도 깨달았지요. 나무를 베고 땅을 개발하고 광석을 파내는 등 지구가 우리에게 베푸는 것들을 누리고 이용만 할 것이 아니라, 지구의 다양한 자연환경과 생물들을 존중하고 지켜야 한다는 사실 말이에요. 그래서 유네스코는 2021년 기준 727곳의 생물권 보전 지역과 1154가지의 세계 유산을 지정해 보호하고 있답니다.

아이슬란드 팅벨리르 지역에서 볼 수 있는 지각판의 균열

지구의 내부는 어떤 모습일까?

지구는 무엇으로 구성되어 있을까?

지구의 대부분을 차지하는 성분은 철(32.1%), 산소(30.1%), 규소(15.1%), 마그네슘(13.9%), 황(2.9%), 니켈(1.8%), 칼슘(1.5%), 알루미늄(1.4%) 등의 **8가지 원소**예요. 그 외에도 84가지의 원소가 지구의 약 1.5퍼센트를 구성하고 있어요.

태양만큼 뜨거운 지구의 핵

지구의 중심에는 **핵**이 있어요. 핵은 주로 철과 니켈로 이루어져 있는데, 고체 상태인 '내핵'과 액체 상태인 '외핵'으로 구분되지요. 지구의 내핵은 온도가 무려 섭씨 6000도가 넘는데, 이는 태양의 표면과 맞먹는 온도랍니다! 이런 고온에서는 대부분의 물질이 녹아서 액체 상태로 존재해요. 하지만 지구의 내핵은 지구의 질량이 워낙 엄청나고 그에 따른 압력도 어마어마해서 고체 상태를 유지하고 있는 것이지요.

 **지구는 얼마나 거대할까?**

적도를 기준으로 측정한 지구의 반지름은 약 6378킬로미터예요. 지구의 무게는 약 5.97×10^{24}(5,970,000,000,000,000,000,000,000)킬로그램, 그러니까 무려 약 59해 7000경 톤에 달해요!

움직인다, 움직여!

지구의 내부(핵)와 지구의 껍질(지각) 사이를 **맨틀**이라고 불러요. 맨틀의 깊이는 무려 2900킬로미터나 되지요. 맨틀은 고체지만 딱딱하지 않고 끈적한 물질로 이루어져 있는데, 고정되어 있지 않고 아주 천천히 움직여요. 이렇게 맨틀이 움직이는 바람에 지진이나 화산 활동이 일어난답니다. 화산이 폭발할 때 뿜어져 나오는 마그마(용암)는 지구의 핵과 닿아 있는 맨틀의 일부가 녹아서 만들어진 거예요.

지구의 탄생

우주에서 스스로 높은 열과 빛을 내는, 태양과 같은 천체들을 **항성**이라고 해요. 항성이 폭발하면 먼지와 가스 같은 물질들이 나오는데, 이 물질들이 구름 같은 모양으로 태양의 주위를 돌다가 뭉쳐지면, 항성의 힘에 이끌려 그 주위를 도는 행성들이 만들어집니다. 지구도 이렇게 탄생했지요. 원시 지구는 물질들이 충돌하고 뭉치는 과정에서 열을 받았는데 그 온도가 무려 섭씨 4700도에 달했다고 해요! 그렇게 뜨거웠던 지구가 천천히 식어 가면서 무거운 원소들은 중심으로 가라앉고 가벼운 원소들은 표면으로 떠올랐어요. 가라앉은 원소들은 핵을 이루고 떠오른 원소들은 대기를 이루면서 서서히 지금과 같은 지구의 모습을 갖추게 된 것이랍니다.

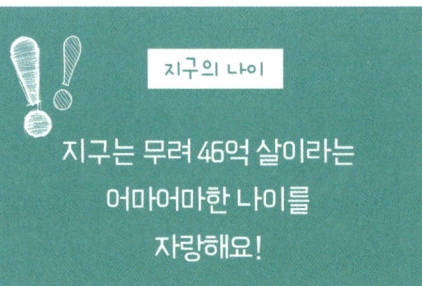

지구의 나이

지구는 무려 46억 살이라는 어마어마한 나이를 자랑해요!

지구를 이해하다

이런 깊은 곳에 세균이

어떤 세균들은 지하 2.8킬로미터 깊이에서도 발견됩니다. 도저히 생물이 살 수 없을 것 같은 곳이지만 이 세균들은 우라늄에서 나오는 방사능을 이용해 수분을 열에너지로 바꾸며 살아가고 있어요.

대륙이 이동한다고?

지각은 맨틀 바깥에 위치한 지구의 껍질 부분으로, 최고 깊이는 약 100킬로미터예요. 암석으로 된 여러 조각의 판으로 이루어져 있는데, 이 '지각판'은 단단하면서도 깨지기 쉬운 성질을 지녔어요. 맨틀의 위쪽에는 암석의 일부가 부드럽게 변해 있는 '연약권' 부분이 있습니다. 지각판은 이 연약권 위에서 미끄러지듯 움직이지요. 그래서 과학자들은 원래 지구에는 하나의 커다란 대륙만 존재했었는데 지각판들이 움직이며 깨지고 떨어져 나가면서 현재의 여러 대륙들이 만들어졌다고 보고 있어요. 이 이론을 '대륙 이동설'이라고 합니다.

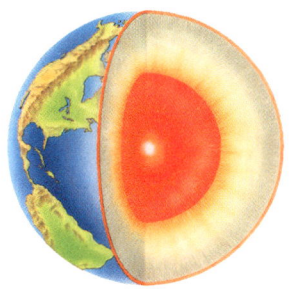

지구의 내부 구조. 중심에서부터 핵, 맨틀, 지각으로 구분된다.

지구는 정말 둥글까?

오래전부터 사람들은 다양한 관찰을 통해 지구가 평평하지 않다는 사실을 알고 있었어요. 하지만 그렇다고 해서 '완전히 둥근 공' 모양이라고 생각하지도 않았지요. 영국의 과학자 아이작 뉴턴은 1687년에 발표한 자신의 책 《프린키피아》에서 지구가 양쪽 부분이 약간 납작하게 눌린 타원 모양이라고 주장했어요. 지구가 자전을 하면서 생기는 원심력에 영향을 받았다고 생각한 거예요. 1690년에는 네덜란드 과학자인 크리스티안 하위헌스(호이겐스)도 같은 의견을 내놓았어요. 이후 지구의 크기를 측정하는 '측지학'의 발달과, 위성을 통한 관찰 등으로 지구의 정확한 모습이 알려지게 되었답니다.

성경 구절의 해석을 토대로, 지구를 원반 형태라고 주장하고 있는 문헌

땅속 깊은 곳의 모습은 어떻게 알아냈을까?

프랑스 소설가 쥘 베른은 1864년에 펴낸 소설 《지구 속 여행》에서 지구의 중심까지 구멍을 파고 들어가 지구 속을 여행하는 상상을 했지요. 하지만 아직까지 이 상상은 현실이 되지 못했어요. 땅속을 직접 파는 일은 생각보다 쉽지 않거든요. 대신 과학자들은 지진이 날 때 발생하는 진동인 '지진파'를 이용해 지구 내부의 모습을 알아냈어요. 지진파는 통과하는 물질의 성질에 따라 속도가 달라지는 특성이 있거든요. 1909년 유고슬라비아의 학자 안드리아 모호로비치치가 지각과 맨틀 사이에서 지진파가 일정하지 않게 변화하는 구간을 발견했고, 이후 그 지점을 '모호로비치치 불연속면'이라고 부르게 되었어요.

땅속에서 알아낸 **지구의 과거**

다양한 성장 단계의 암모나이트 화석이 들어 있는 석회암

암석의 종류

지구의 가장 바깥을 이루는 **암석층**은 크게 화산암, 퇴적암, 변성암 세 가지로 나뉘어요. 화산암은 지하에 녹아 있던 마그마가 지표면으로 올라와 굳으면서 생긴 암석이고, 퇴적암은 강물이나 바닷물, 바람 등에 의해 깎이고 부서진 암석들이 굳어서 만들어진 것이에요. 이렇게 형성된 암석들이 지각판의 운동, 화산 활동에 의한 압력이나 온도의 변화 등을 겪으면 성질이 변하는데, 이를 변성암이라고 해요.

지층의 나이를 밝히다

11세기에 페르시아의 학자 이븐 시나는 같은 순서로 쌓인 암석층들이 계곡의 여러 곳에서 보이는 점에 주목했어요. 이것이 지층이 쌓인 순서를 밝히는 학문인 **층서학**의 시작이었지요. 층서학의 원리는 단순해요. 퇴적물은 순서대로 쌓이기 때문에 오래된 퇴적암일수록 바닥 쪽에 있겠지요. 그러니 연속적으로 쌓여 있는 지층의 상태를 비교 분석해 보면 지층들이 언제 생긴 것인지 그 나이를 예상할 수 있다는 거예요.

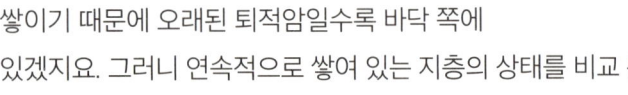

물고기 화석

화석의 진실

중세 시대에는 화석을 '자연의 장난'이라고 생각했어요. 암석이 만들어지는 과정에서 우연히 조개껍데기나 동물의 잔해처럼 보이는 형체가 나타난 것뿐이라고 말이지요. 물론 진실에 접근했던 사람들도 있었답니다. 13세기에 독일의 학자 알베르투스 마그누스는 화석이 지금은 사라지고 없는 바다 생물이라고 주장했고, 이탈리아의 예술가이자 과학자였던 레오나르도 다빈치도 산에서 발견된 조개의 화석이 노아의 대홍수 시대에 산으로 밀려간 조개의 흔적이라는 사람들의 의견에 주목했어요.

10

지구를 이해하다

수성론 vs 화성론

산을 비롯한 다양한 암석들은 어떻게 만들어졌을까요? 이를 둘러싸고 18세기부터 두 의견이 팽팽히 맞서기 시작했어요. 독일의 지질학자인 아브라함 베르너를 비롯해 **수성론**을 주장하는 학자들은 바닷물에 녹아 있던 물질들이 가라앉아서 암석과 산이 만들어졌다고 주장했습니다. 반면 영국의 지질학자인 제임스 허턴을 비롯한 다른 학자들은 지구 깊숙한 곳에 있던 마그마가 솟구쳐 만들어졌다는 **화성론**을 펼쳤고요. 사실 둘 다 맞는 말이에요. 암석 중에는 바다에서 일어나는 퇴적 현상과 관련된 것도 있고, 마그마의 냉각 현상으로 만들어진 것도 있거든요.

화학이 있으니 걱정하지 마!

프랑스의 화학자 니콜라 레므리는 1700년에 철가루와 황을 이용해 초소형 인공 화산을 만드는 실험으로 사람들을 놀라게 했어요. 19세기 초 영국의 지질학자 제임스 홀은 석회암을 가열해 대리석을 만드는 데 성공했고요. 1950년대에는 퇴적물을 2000바(bar, 압력의 단위로 1바는 1000헥토파스칼)의 압력에서 800도씨로 녹여 액체 화강암 성분을 얻는 실험도 이루어졌어요. 화강암이 만들어지는 과정을 알아낸 것이지요. 이처럼 화학은 **지질학의 발전**에 큰 역할을 했답니다.

밀고, 휘어지고, 솟아오르고

두 개의 지각판이 움직이다가 부딪히면, 두 판이 서로를 밀면서 휘어지거나 솟아오르게 되는데, 이렇게 **산맥**이 만들어져요. 안데스 산맥의 경우 남태평양 해양판과 남아메리카 대륙판이 충돌해 하나의 판이 다른 판 아래로 들어가는 '섭입' 현상으로 만들어졌어요. 대륙판과 대륙판이 만나게 되면 충돌이 심하게 일어나 매우 높고 험한 산악 지대가 형성돼요. 인도 대륙판과 유라시아 대륙판이 티베트 지역에서 충돌하면서 생겨난 히말라야 산맥이 대표적인 예지요.

산소보다 오래된 화석

오스트레일리아에서는 무려 35억 년이나 된 세균 화석이 발견되었어요. 이는 지구에 산소가 생겨난 시기보다 더 오래된 것이랍니다.

산맥은 지각의 운동과 화산 활동, 퇴적 작용 등에 따른 결과물이다.

방향을 찾아라!

지구의 둘레를 재다

지구를 동그란 수박이라고 생각해 보세요. 이 수박을 절반으로 자르되, 남극과 북극을 반드시 지나야 해요. 이렇게 잘랐을 때 생기는 반원의 선을 **자오선**이라고 불러요. 기원전 2세기에 그리스의 천문학자 에라토스테네스는 같은 자오선 위에 있던 이집트의 두 도시 '시에네'와 '알렉산드리아' 사이의 거리를 측정해 이를 바탕으로 지구의 둘레를 최초로 계산해 냈습니다. 17세기 말에는 프랑스 북부 됭케르크에서부터 파리를 지나 스페인 바르셀로나를 잇는 자오선을 지상에서 실제로 측량해 보기도 했지요. 그 결과 지구가 적도에 가까워질수록 조금씩 불룩해진다는 사실이 확인되었답니다. 지구가 공처럼 둥근 모양이기는 하지만 '완벽한' 공 모양은 아니었던 거예요.

단위가 다르면 힘들어요

예전에는 측량을 하는 단위로 인치, 피트, 스팬, 토와즈, 큐빗 등 여러 가지가 쓰였어요. 그래서 측량이 정확하게 이루어지기 힘들었지요. 이러한 단위들을 하나로 통일하기 위해 프랑스 대혁명 직후인 1790년에 **미터법**이 만들어졌답니다. 이때 자오선 길이의 1000만분의 1을 1미터로 정했어요. 미터법은 현재까지도 길이에 대한 국제 단위로 사용되고 있어요. 다만, 지금은 빛이 기준 시간 동안 나아간 길이로 1미터를 정하고 있답니다.

별이 알려 주지요

밤하늘에는 방향을 알려 주는 **별**들이 있어요. 북반구의 하늘에는 정확히 북극을 가리키는 북극성이 뜨지요. 북극성은 북두칠성을 품고 있는 별자리인 큰곰자리나 카시오페이아자리를 이용해서 쉽게 찾을 수 있어요. 남반구의 밤하늘에서는 남쪽을 알려 주는 남십자성을 볼 수 있습니다. 우리나라에서는 보이지 않지만 브라질, 사모아, 오스트레일리아 등 여러 나라의 국기에도 등장하는 남십자성은 십자가 모양으로 늘어선 네 개의 별이에요. 하늘을 둥근 구로 가정해 생각하는 것을 '천구'라고 하는데, 남십자성은 이 천구의 남극에서부터 자신의 세로 길이 4.5배 거리만큼 떨어져 있어요.

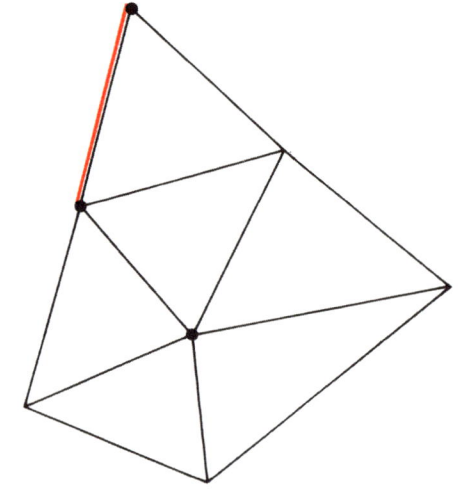

지도 제작에 사용되는 삼각 측량. 삼각 측량에서 기준이 되는 선을 '기선'이라고 부른다(붉은색으로 표시된 선).

지구를 조각조각

지구의 모양이나 크기 등을 연구하는 '측지학'에서는 삼각형의 성질을 이용해 지형을 측량하는 **삼각 측량**을 활용합니다. 지형을 임의의 삼각형으로 나눈 뒤 삼각형의 성질을 이용해 거리와 면적 등을 계산하는 것이지요. 프랑스에서는 국토에 45만 개의 기준점을 정하고 이를 이어 8만 개의 구획으로 나누어 삼각 측량을 진행하기도 했어요. 우리나라 역시 구한말 시절, 토지 조사 사업을 할 때 일부 지역에서 삼각 측량을 시행했어요.

지구를 이해하다

여기가 어디지?

지금은 위성이 개발되어 아무것도 보이지 않는 바다 한가운데에서도 **나의 정확한 위치**를 파악할 수 있지만 예전에는 그렇지 않았어요. 해안이 보이는 육지 근처에서는 바위, 언덕, 등대, 종탑 등의 표지를 보며 나의 위치를 예상할 수 있었으나, 그런 것들이 보이지 않는 먼 바다에서는 배의 진행 방향이나 속도, 항해 시간 등으로 위치를 짐작해야 했기 때문에 정확성이 많이 떨어졌거든요. 그래도 태양이나 달, 별 등을 측정해 현재의 위치를 구할 수 있는 '육분의'라는 기계가 발명된 뒤에는 그 오차를 많이 줄일 수 있었답니다.

2016년에 궤도에 오른 갈릴레오 위성

둥근 지구를 평평하게

공처럼 생긴 지구를 한눈에 보기 쉽도록 평면에 옮긴 **평면 구형도**를 만드는 방법은 여러 가지가 있는데 가장 널리 쓰이는 것은 16세기에 개발된 '메르카토르 도법'이에요. 지구를 투명한 유리구슬이라고 생각해 보세요. 그 투명한 지구의 적도를 따라 종이를 원통형으로 감싼 다음, 지구의 중심에서 불을 켠다면 원통에 지구의 모습이 비치겠지요. 그 모습을 그대로 따라 그린 방식이에요.

계산을 실수하면 침몰!

지구 위에서의 위치를 나타내는 가로 좌표를 **위도**라고 해요. 먼 바다를 항해할 때는 위도를 정확히 계산하는 것이 아주 중요하지요. 위도를 잘못 계산하면 배가 침몰하는 사고가 생길 수 있거든요.

이제는 위성으로

위성 항법 시스템은 인공위성을 이용해 지상의 위치를 정확하게 추적해 내는 방법입니다. 지구 주위를 돌고 있는 24개 이상의 위성들이 필요한 정보를 전송하고 있지요. 위성들이 보내 준 전파를 바탕으로 삼각 측량의 원리를 적용하면, 필요한 위치를 밀리미터 단위까지 정확하게 찾아낼 수 있어요. 원래는 군사적 목적으로 개발되었지만 지금은 민간에도 개방되어 널리 쓰이고 있답니다. 현재 미군이 개발한 GPS 시스템 외에도 유럽의 갈릴레오, 러시아의 GLONASS, 일본의 QZSS, 인도의 IRNSS, 중국의 Beidou 등이 사용되고 있어요.

배의 위치를 알아낼 때 쓰인 육분의

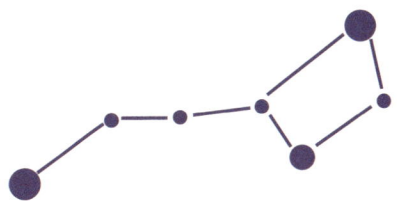

결정체의 정체

눈의 결정

결정이 뭐예요?

결정은 물질의 내부 구조를 이루는 원자나 분자 등이 3차원 구조의 입체로 질서 있게 배열될 때 만들어져요. 즉 동일한 구조가 똑같이 여러 번 반복되며 나타나는 고체 물질이라고 할 수 있지요.

'결정'의 뜻

고대 그리스의 지리학자이자 지질학자였던 스트라본은 결정을 '크리스탈로스(krystallos)'라고 불렀는데, 그리스어로 얼음을 뜻해요. 영어로 결정을 뜻하는 '크리스털(crystal)'은 바로 여기서 유래되었답니다.

결정에 압력을 가하면?

1880년 프랑스의 학자 피에르 퀴리와 자크 퀴리 형제는 놀라운 발견을 했습니다. 석영이나 투르말린, 토파즈 같은 결정들에 압력을 가했더니 전기가 발생한 거예요! 이 현상을 압전 효과라고 해요. 압전 효과로 인해 생기는 전기인 '압전기'를 영어로 '피에조 전기(Piezoelectricity)'라고 하는데, 이는 '누르다'라는 뜻의 그리스어 'piezein'에서 유래되었답니다. 반대로, 압전 결정에 전기 충격을 가하면 결정이 변형될 수도 있는데, 이런 경우는 '역압전 효과'라고 해요.

결정은 언제 만들어질까?

결정은 마그마처럼 액체였던 물질이 단단하게 굳어질 때 생겨요. 소금물처럼 두 가지 이상의 물질이 섞여 있는 액체가 특정한 온도와 압력에서 천천히 증발할 때도 생기지요.

다이아몬드와 소금

결정은 물질마다 독특한 모양을 하고 있어요. 그중에는 다이아몬드처럼 보석 대접을 받는 귀한 결정체도 있지요. 하지만 설탕, 소금, 눈 등 우리가 주변에서 흔하게 볼 수 있는 결정들도 많답니다.

결정을 연구하다

18세기 말에 이르러 결정을 과학적으로 연구하는 결정학이 본격적으로 시작되었어요. 이 분야의 대표적인 인물은 프랑스의 광물학자 르네 쥐스트 아위라고 할 수 있지요. 아위는 결정의 구조에 대한 증거가 나오기 훨씬 전부터 결정이 동일한 분자 구조의 반복으로 만들어진다는 사실을 확신하고 있었다고 해요.

결정과 빛

1808년 프랑스의 물리학자 에티엔 루이 말뤼스는 석영 결정에 반사되는 빛을 관찰하던 중 각도에 따라 빛의 세기가 달라진다는 사실을 알아냈어요. 빛은 보통 360도 다양한 방향으로 진동하는데, 특정 물질을 통과하면 빛이 한 방향으로만 진동하는 거예요. 이를 편광 현상이라고 해요. 1812년에는 말뤼스의 동료이자 친구인 장 바티스트 비오가 결정을 일정한 방식으로 깎으면 편광되는 빛의 방향을 회전시킬 수 있다는 사실도 알아냈어요. 이처럼 어떤 물질이 편광면을 회전시키는 힘이 있을 때 그 성질을 '광학 활성'이라고 부른답니다.

지구를 이해하다

멕시코 나이카 수정 동굴의 거대한 결정

가장 거대한 결정

멕시코의 나이카 광산은 자연적으로 만들어진 수정 동굴이에요. 이곳에서 지구상에서 가장 거대한 결정이 발견되었는데, 그 무게가 무려 55톤에 달했답니다!

새로운 미래의 결정

일반적인 결정은 수많은 결정들이 합쳐진 '다결정 고체'예요. 다결정 고체는 결정들 사이의 경계에서 문제가 생길 가능성이 있어 안정적이지 않아요. 그래서 만들어진 것이 원자들이 한 층으로 규칙적으로 배열되어 있는 단결정이에요. 단결정은 장점이 많아 '꿈의 신소재'라고 불리고 있어요.

X선, 결정의 정체를 알려 줘!

결정의 구조에 관한 지식은 X선이 결정에 의해 회절(파장이 장애물 뒤쪽으로 돌아 들어가는 현상)된다는 사실이 밝혀진 뒤부터 크게 발전했어요. 처음에 X선은 휘어지거나 꺾이지 않는 신기한 특성을 지녔다고 알려졌어요. 그런데 1914년에 X선의 파장이 결정을 만나면 진행 방향이 변한다는 사실을 알아낸 것이지요. 게다가 회절될 때 생기는 무늬가 각 결정의 구조에 따라 달랐어요. 따라서 결정의 X선 사진은, 결정의 내부 구조를 알려 주는 일종의 '신분증'인 셈이지요. DNA 결정의 분자 구조를 밝혀낸 것도 'X선 회절 분석법'이랍니다.

액체일까, 고체일까?

디스플레이 장치에 널리 쓰이는 액정이라는 말은 우리 귀에 아주 익숙하지만, 알고 보면 앞뒤가 안 맞는 말이랍니다. '액체 결정'이라는 뜻이니까요. 이리저리 흐르는 액체와 단단한 고체가 하나의 뜻으로 같이 쓰일 수 있는 것일까요? 액정 상태에서 원자들은 고체처럼 같은 방향으로 배열해 있지만 액체처럼 서로를 기준으로 움직일 수 있어요. 그래서 고체와 액체의 성질을 동시에 가지고 있는 것이지요. 이런 액정은 LCD 화면 같은 전자 제품에 많이 활용되고 있어요. 액정은 인간이 억지로 만들어 낸 거라고 생각할 수 있지만, 사실 자연에도 존재하고 있답니다. 세포막을 구성하는 2중의 지질층 역시 특정 온도에서는 액정 같은 성질을 보이기도 하거든요.

디스플레이 장치에 쓰이는 '액정'의 모습

온도의 변화

온도와 공기의 관계

공기는 온도 변화에 의해 팽창하거나 수축하는 성질이 있어요. 이 성질을 이용해 온도를 측정할 생각을 제일 먼저 한 것은 기원전 3세기에 살았던 고대 그리스 학자 필론이에요. 필론은 납으로 만든 속이 빈 구와 물이 담긴 그릇을 구부러진 관으로 연결했어요. 그러고는 납으로 만든 구를 따뜻한 햇볕 아래에 두었지요. 그랬더니 따뜻해진 구 속의 공기가 팽창되었고 관을 타고 물이 담긴 그릇으로 나와 보글보글 기포를 만들었어요. 반대로 구를 그늘로 옮겼더니 구 속의 공기가 차가워지면서 수축하는 바람에 그릇에 있던 물이 관을 타고 구로 올라왔지요. 이 장치가 바로 오늘날 우리가 쓰는 **온도계의 조상**이라고 할 수 있어요.

헤론의 실험

1세기에 알렉산드리아에서 활동한 그리스 학자 **헤론**은 필론보다 좀 더 복잡한 장치를 생각해 냈어요. 먼저 물이 가득 담긴 수조와 물이 반쯤 담긴 둥근 플라스크를 수직관으로 연결해요. 그런 다음 굽은 모양의 관 한쪽 끝은 플라스크에, 다른 쪽 끝은 수조에 있는 깔때기 쪽으로 내려요. 온도가 올라가면 플라스크 안의 공기가 팽창해 물을 굽은 관으로 밀어내게 되지요. 밀려난 물은 깔때기를 통해 수조로 떨어지고요. 반대로 온도가 내려가면 공기가 수축되어 수직관 속의 물기둥이 올라가게 되는 원리였어요.

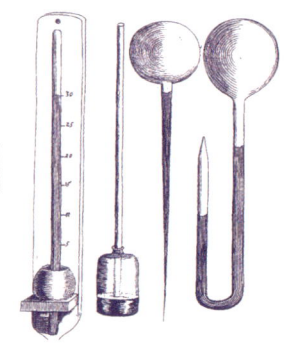

로버트 보일이 그린 온도계의 설계도

온도계의 탄생

열 측정 방법에 관심이 많았던 이탈리아의 과학자 갈릴레이는 헤론의 장치에서 영감을 얻었어요. 그래서 물을 채운 둥근 플라스크에 기다란 관을 꽂은 형태의 **온도경**을 만들었지요. 온도가 올라가면 플라스크 내부의 공기가 팽창해 관 속의 물기둥이 올라가는 원리를 이용해 온도를 측정할 수 있는 장치였답니다. 온도가 상승할수록 물기둥의 높이도 따라서 높아졌던 것이지요. 갈릴레이는 이러한 현상에 대해 '물질이 가열되면 그 물질을 이루는 입자들이 활발하게 운동하게 되기 때문'이라고 설명했어요. 모든 물질이 원자로 구성되어 있다고 주장하는 원자론을 믿고 있었거든요.

물은 언제 끓을까?

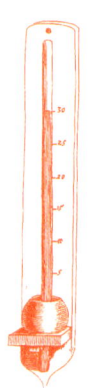

물질의 상태는 온도에 따라 변해요. 하지만 늘 같은 온도에서 똑같은 변화가 일어나는 건 아니에요. **기압의 영향**도 함께 받기 때문이지요. 물을 예로 들어 볼까요? 우리는 물이 100도씨에서 끓는다고 알고 있지만, 대기압보다 높은 압력을 유지하도록 만들어진 압력솥 안에서는 이보다 높은 약 120도씨에서 물이 끓어요. 반대로 알프스산맥의 몽블랑산 정상처럼 해발 고도가 높아서 압력이 낮은 곳에서는 85도씨 정도의 낮은 온도에서도 물이 끓는답니다.

온도만? 압력도!

'보일 법칙'이라고도 불리는 보일-마리오트 법칙은 온도가 일정할 때 기체의 압력과 부피는 서로 반비례한다는 법칙이에요. 1660년 영국의 로버트 보일이 발견한 이 법칙은 온도만으로 기체의 부피 변화를 설명한 '온도경'의 정확성에 의문을 제기했답니다.

지구를 이해하다

최초의 기압계

이탈리아의 물리학자이자 수학자인 에반젤리스타 토리첼리는 스승이었던 갈릴레이의 뒤를 이어 온도경과 수력학, 진공 등을 연구했어요. 그 결과 1643년 대기의 압력을 측정하는 **최초의 기압계**를 만들어 냈어요. 이 기압계는 한쪽 끝이 막힌 유리관에 수은을 채운 뒤, 이 유리관을 수은이 담긴 또 다른 용기 속에 거꾸로 세워 둔 형태였어요. 기압의 변화에 따라 수은 기둥의 높이가 달라지는 원리를 이용해 기압을 측정했지요.

절대 영도

'켈빈 경'으로도 불리는 영국의 과학자 윌리엄 톰슨은 온도와 분자 운동 사이의 관계를 연구하고 있었어요. 그러다 새로운 온도 체계의 필요성을 느끼게 되었지요. 그래서 1848년 분자들이 운동을 멈추고 '정지' 상태에 이르는 온도이자, 물리적으로 가능한 최저 온도를 '절대 영도'로 정했답니다. 이 절대 영도를 기준으로 한 온도 체계는 '절대 온도' 또는 '켈빈 온도'라고 부르며 단위는 'K(kelvin)'를 쓰지요. 우리가 쓰고 있는 섭씨 온도에서는 물이 0도씨에 얼고 100도씨에 끓는다고 표시하지요? 하지만 절대 온도에서 물이 어는 온도는 273.15K이고 물이 끓는 온도는 373.15K예요.

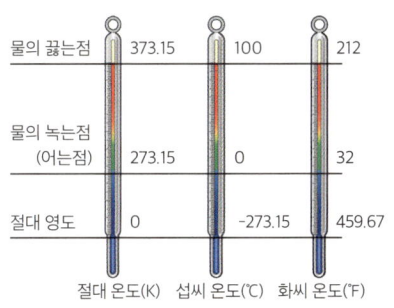

	절대 온도(K)	섭씨 온도(℃)	화씨 온도(℉)
물의 끓는점	373.15	100	212
물의 녹는점 (어는점)	273.15	0	32
절대 영도	0	-273.15	459.67

온도를 숫자로

온도계의 조상인 '온도경'은 온도가 낮은지 높은지 정도만 보여 주는 수준이었어요. 사람들은 점점 온도를 객관적인 숫자로 표시하고 싶었고, 마침내 **최초의 온도계**가 탄생했답니다. 얼음이 녹는점을 0, 물이 끓는점을 100으로 하여 그 사이를 일정하게 나누고 눈금을 매긴 알코올 온도계를 처음으로 선보인 사람은 덴마크의 천문학자인 올레 뢰머예요. 수은으로 만든 온도계가 더 정확하긴 하지만, 가격도 비싸고 수은의 독성이 위험해서, 알코올 온도계가 널리 사용되게 되었지요.

최초의 기압계를 발명한 에반젤리스타 토리첼리(앞쪽)

여러 가지 온도 단위

1742년 스웨덴의 물리학자인 안데르스 셀시우스는 '셀시우스 온도'라고도 불리는 **섭씨 온도** 체계를 고안했어요. 해발 고도가 0인 곳에서 물이 액체 상태로 존재하는 범위의 온도를 100등분하여 도씨(℃)라는 단위로 표시했지요. 그런데 그 당시 셀시우스는 지금과는 반대로, 물이 어는점을 100도씨, 끓는점을 0도씨로 표시했어요. 이후 스웨덴의 생물학자 린네가 사용하기 편하도록 지금처럼 바꾸었답니다. 온도를 표시하는 다른 방법도 있어요. 1724년 독일의 물리학자 다니엘 파렌하이트가 만든 화씨 온도(℉) 체계는 지금도 미국을 비롯한 몇몇 나라에서 사용되고 있답니다.

지구가 움직여요!

2cm
우리가 살고 있는 대륙은 항상 그 자리에 있는 것 같지만, 사실 해마다 2센티미터씩 움직이고 있답니다.

거대한 퍼즐

영국의 대법관 출신인 **프랜시스 베이컨**은 과학적이고 실험적인 생각을 강조한 근대 철학의 개척자예요. 그는 지구에 관한 중요한 사실을 발견하기도 했지요. 1629년 아프리카 대륙의 서해안과 남아메리카 대륙 동해안의 해안선이 마치 퍼즐 조각처럼 서로 맞아떨어진다는 사실을 알아차렸거든요!

판 구조론

대륙이 서로 이동하고, 충돌하고, 확장되는 등 지구에서는 끊임없는 변화가 일어나고 있어요. 이런 현상들을 설명하기 위해 1960년대에 등장한 것이 '판 구조론'이에요. 지구의 표면이 수평으로 이동하는 여러 개의 판으로 이루어져 있다는 이론이지요.

드러나는 증거

약 2억 6000만 년 전인 페름기에 번성했던 고사리류의 화석이, 서로 멀리 떨어져 있는 인도와 오스트레일리아에서 각각 발견되었어요. 같은 시기에 살았던 파충류 메소사우루스의 화석은 남아프리카와 남미 대륙의 브라질에서 동시에 발견되었지요. 오스트리아의 지질학자 **에두아르트 쥐스**는 이렇게 서로 멀리 떨어져 있는 대륙들에서 같은 화석이 발견된다는 사실에 관심을 갖고 연구를 시작했어요. 그리고 그 대륙들이 오래전에는 서로 붙어 있었지만 이후 서로 멀어지면서 바다를 사이에 두게 되었다는 결론을 내렸답니다.

유럽 대륙과 북아메리카 대륙 사이에 위치한 아이슬란드는 두 지각판이 멀어지면서 형성된 수중 산맥에 자리해 있다.

움직이는 대륙

1912년 독일의 학자 **알프레트 베게너**는 대륙 이동설을 주장했어요. 대륙들이 처음부터 지금의 자리에 있었던 것이 아니라 오랜 세월 동안 천천히 이동해 왔다는 이론이지요. 이보다 앞선 1910년 미국의 지질학자 프랭크 테일러도 같은 주장을 펼쳤습니다. 그린란드의 위도와 경도 변화 등 확실한 근거를 내세웠지요. 하지만 당시에는 다른 학자들로부터 인정을 받지 못했답니다.

제발 인정해 줘!

1924년 베게너는 자신이 주장했던 **대륙 이동설을 보완**해서 대륙이 이동하는 모습을 세 가지로 나누어 설명했어요. 1) 대륙들이 서로 멀어지면서 그 사이의 공간이 바다로 채워지는 경우, 2) 대륙들이 충돌하면서 산맥이 형성되는 경우, 3) 대륙들이 서로를 비켜 가며 이동하는 경우가 있다고 주장했어요. 이 이론은 일부 학자들의 지지를 받았으나 학계에서는 여전히 인정하지 않았고, 베게너는 증거를 찾고자 그린란드로 탐험을 떠났어요. 그러나 불행히도 탐험 중에 조난을 당해 50세의 나이로 그만 세상을 떠나고 말았지요.

지구를 이해하다

대륙을 이동시키는 힘

아이슬란드 팅벨리르 지역에서 볼 수 있는 지각판의 균열

대륙 이동설이 지지를 받지 못했던 이유는 그 거대한 대륙을 이동시킬 수 있는 힘이 무엇인지를 설명하지 못한 까닭이었어요. 이 의문은 1960년대에 **해저 확장 현상**이 발견되고 난 다음에야 풀렸답니다. 맨틀에서 위로 올라온 마그마는 암석권의 두께가 얇은 지점을 뚫고 나오면서 길고 좁은 산맥 모양으로 솟아오른 지형을 만드는데, 이런 곳을 '해령'이라고 불러요. 해령에서 분출된 마그마는 나오자마자 물에 의해 굳어 버리기 때문에 위로 솟아오를 수 없어요. 대신 해령 주변의 지각을 옆으로 밀어내면서 바다 밑의 해저가 확장되는 것이지요. 이를 통해 비로소 대륙의 이동도 설명할 수 있게 되었답니다.

대륙 이동의 결과

해저 확장 과정에서 암석권을 이루는 지각판들이 이동을 하면 여러 가지 일들이 일어나요. 판끼리 서로 충돌해서 산맥을 만들기도 하고, 서로 겹쳐지는 과정에서 섭입이 일어나 '섭입대'를 만들기도 하지요. 섭입대는 밀도가 큰 현무암질로 이루어진 해양판이 화강암질의 대륙판 아래로 들어가면서 생겨요. 섭입이 되면서 상부 맨틀과 만나면 지각이 녹기도 하지요. 이렇게 지각판들이 부딪히며 마찰이 일어나면 강한 **지진**이 발생해요. 또, 해양판이 아래로 가라앉을 때 지각의 일부가 녹아 마그마가 되는데, 그 과정에서 마그마에 가스가 섞이게 돼요. 가스 섞인 마그마가 육지 가까이로 올라오면 온도와 압력이 낮아지며 화산이 폭발합니다. '불의 고리'라고 불리는 환태평양 조산대가 바로 이렇게 만들어진 것이에요.

유일한 행성

지구는 태양계에서 지각판의 이동이 일어나는 유일한 행성이에요. 만약 지각판의 이동이 없었다면 탄소의 순환도 일어나지 않았을 것이고, 그랬다면 지금 지구는 온실 효과로 인해 불덩어리처럼 뜨거운 상태였겠지요.

지구를 이루는 조각들

지각판을 중심으로 지구를 그린 최초의 지도는 1968년 프랑스의 지구물리학자 **그자비에 르 피숑**이 만들었습니다. 이 지도에서는 암석권이 크게 6개의 판으로 구분되어 있어요. 이후 2016년 디지털 시뮬레이션 기술을 이용한 연구에서는 지각판을 53개로 구분했지요.

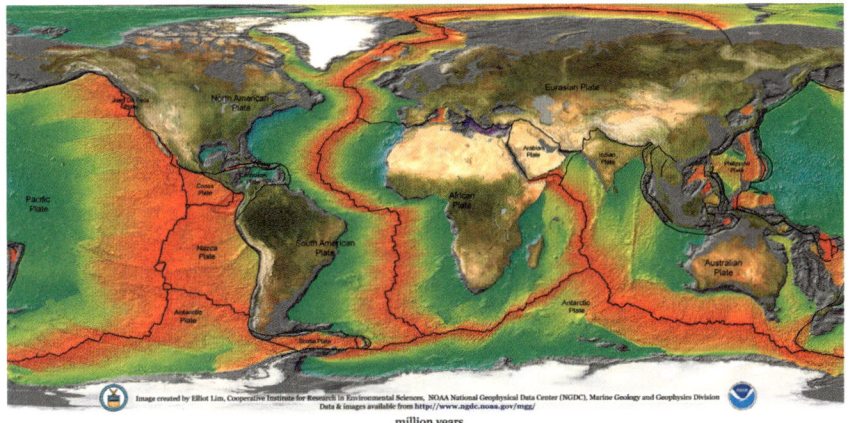

검은색 선을 경계로 나누어진 지각판의 분포. 색깔은 해양 지각의 연대를 표시한 것으로, 붉은색 쪽으로 갈수록 최근에 형성된 지각이다.

지구가 지닌 **보이지 않는 힘**

신비한 돌

자석이 주변 물체에 영향을 미치는 **자기 현상**을 처음 발견한 사람은 기원전 6세기에 살았던 그리스 철학자 탈레스예요. 테살리아 지방의 마그네시아라는 도시에서 나온 어떤 돌이 쇠를 끌어당긴다는 이야기를 듣고 관심을 가졌거든요. 그 돌은 철광석의 일종이었는데 나중에 '마그네타이트(자철석)'라는 이름으로 불리게 되었답니다.

가장 거대한 자석

1600년, 영국의 의사 윌리엄 길버트는 '자기 현상'을 과학적으로 다룬 최초의 책인 《자석에 관하여》를 출간했어요. 이 책에서는 자석에 관한 여러 가지 실험들을 다루었는데, 그중에는 공처럼 만든 자석의 '자기력선(자기장을 시각적으로 표현한 선)'이 지구의 자기장과 같은 모습을 가진다는 사실을 보여 주는 실험도 있었지요.
그는 이 실험 결과를 바탕으로 **지구 자체가 하나의 거대한 자석**이라고 주장했어요. 그래서 나침반의 바늘이 늘 북극을 가리킨다는 것이지요.

저기가 북쪽이다!

자석의 성질을 지닌 돌 '자철석'은 저절로 남쪽과 북쪽 방향을 가리키는 성질이 있어요. 이런 성질을 처음 발견한 것은 11세기의 중국인들이었어요. 그래서 중국에서는 일찍부터 자철석을 이용한 나침반이 사용되었지요. 나침반은 특히 항해를 할 때 매우 유용했어요. 이 사실이 알려지자 12세기부터는 유럽에서도 사용되기 시작했답니다.

힘 대신 '장(場)'

'전기'는 전자의 움직임에 의해 생기는 에너지, '자기'는 자석이 가지는 에너지를 뜻해요. 전기와 자기에 관한 **전자기 이론**은 영국의 화학자이자 물리학자인 마이클 패러데이가 '힘' 대신 '장(場)'의 개념을 더하며 크게 발달했어요. '장(場)'은 어떠한 힘이 작용하는 공간을 말해요. 예를 들면 자석을 하나 놓으면 그 주변에 '자기장'이 만들어지지요. '장(場)'의 개념을 통해 전자기의 힘이 미치는 거리와 위치 등을 설명할 수 있어요. 비록 전기장과 자기장은 눈에 보이지도 않고 손으로 만질 수도 없지만, 패러데이는 분명히 실체를 갖추고 있는 물리적인 존재라고 믿었답니다.

자기장의 개념을 도입한 마이클 패러데이

지구를 이해하다

전기와 자기의 관계

처음에 사람들은 **전기와 자기**는 큰 관련이 없다고 믿었어요. 그런데 덴마크의 물리학자 한스 크리스티안 외르스테드는 1820년, 전선 주위에 있던 나침반 바늘이 움직이는 것을 발견했어요. 전기와 자기라는 두 힘이 서로 밀접한 관련이 있다는 사실이 드러난 것이지요.

$$E = \frac{Q}{4\pi\epsilon r^3}r$$

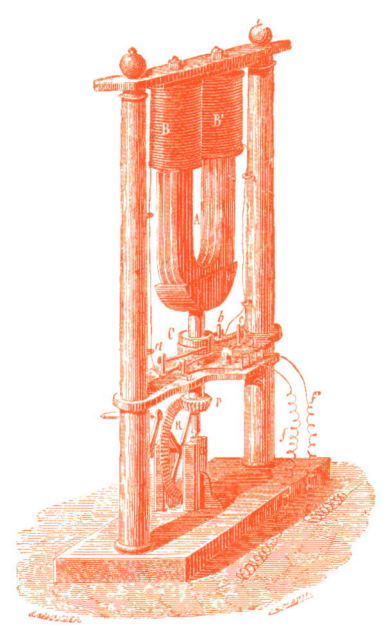

19세기에 개발된 최초의 전자기 유도 장치

빛도 마찬가지!

1864년 영국의 물리학자 제임스 클러크 맥스웰은 전기와 자기의 관계나 현상을 수학적 공식으로 설명한 **전자기 방정식**을 발표했어요. 그리고 이 전자기 방정식은 빛이 직진하거나 휘어지는 등을 나타내는 '광학 현상'에도 적용됨을 증명했어요. 앞서 영국의 패러데이와 프랑스의 프레넬이 예상했던 것처럼, '빛'도 전자기파의 일종이었던 거예요. 1885년에는 독일의 물리학자 하인리히 헤르츠가, 전기장과 자기장이 진동하는 파동인 '전자기파'의 존재와 속성을 실험을 통해 증명해 냈어요. 그래서 오늘날에도 '전자파'를 '헤르츠파'라고 부르기도 한답니다.

$$Q = CV$$

전기를 발생시키다

덴마크의 외르스테드와 프랑스의 앙페르는 전기장이 자기를 일으킨다는 사실을 밝혀냈어요. 더 나아가 영국의 패러데이는 자기장의 변화가 전류를 발생시킨다는 **전자기 유도 현상**을 발견했지요. 이 발견은 이론에만 머물지 않고 우리의 생활에도 많이 활용되었답니다. 예를 들어 자석을 코일(얇은 금속선)로 감은 뒤, 자석이나 코일 중 하나를 회전시키면 전기가 발생해요. 1869년 벨기에의 전기학자 제노브 테오필 그람은 이 원리를 이용해 '직류 발전기'를 만들었답니다. 발전소에서 전기를 일으키는 발전기 역시 열에너지, 핵에너지, 자연 에너지 등 사용하는 에너지는 달라도 원리는 모두 이와 같아요.

전자파의 홍수 시대

지금 우리는 휴대전화와 무선 인터넷이 없는 생활을 상상하기 어려워요. 사실상 **전자파**에 둘러싸여 살고 있는 것이나 마찬가지죠. 아직까지 휴대전화나 와이파이 신호를 전달하는 전자파가 우리 몸에 얼마나 해로운지 구체적으로 증명된 것은 없어요. 하지만 그렇다고 해서 안전하다는 보장도 없죠. 그러니 혹시 모를 위험을 예방하는 차원에서 전자파에 지나치게 노출되지 않는 것이 좋겠지요?

지구를 둘러싼 보호막

지구를 감싸고 있는 자기장은 우리가 나침반을 이용해 방향을 찾을 수 있게 해 줍니다. 하지만 그보다 더 중요한 역할이 있어요. 우주에서 오는 해로운 방사능 등을 차단해 지구에 살고 있는 생물들을 보호해 주는 것이에요. 자기장이 우리의 목숨을 지키고 있는 것이나 마찬가지랍니다!

수면 아래의 세상

바다거북

해양 과학의 시작

바다를 과학적으로 탐구하는 **해양학**은 17세기에 시작되었다고 볼 수 있어요. 수학자이자 천문학자였던 로렌스 룩은 1662년 영국 왕립 학회의 요청을 받아 선원들에게서 바다에 대한 정보를 수집해 정리했어요. 1663년에는 네덜란드의 이삭 보시우스가 북대서양의 바닷물이 어떻게 흐르는지를 나타낸 해류 지도를 처음으로 만들었지요. 1725년에는 이탈리아의 학자 루이지 페르디난도 마르실리가 《바다의 물리적 역사》를 출간하기도 했는데, 이 책에서 그는 흑해와 지중해 사이의 해류 방향이 수면과 심해가 서로 반대 방향이라는 가설을 입증했어요.

그렇게 깊은 곳에 생물이?

1814년 영국의 동식물 연구학자 에드워드 포브스는 수심 550미터 이하에서는 **생명체가 살 수 없다**고 확신했어요. 그런데 1818년 영국의 탐험가 존 로스가 1500미터의 심해에서 살아 있는 생물을 잡아 포브스의 생각이 틀렸다는 것을 증명했지요. 또 존 로스의 조카 제임스 로스는 1839년부터 1843년까지 진행된 남극 원정에서 수심 800미터 깊이에 사는 말미잘과 갑각류를 발견하기도 했답니다. 1860년에는 수심 2189미터에 설치되어 있던 통신용 케이블을 수리하려고 끌어 올렸다가 사람들이 깜짝 놀라기도 했어요. 케이블이 연체동물과 산호에 뒤덮인 모습이었거든요. 그렇게 깊은 곳에 생물이 살고 있을 것이라고는 아무도 생각하지 못했으니까요!

가장 깊은 바다

지구에서 가장 깊은 바다는 '마리아나 해구'예요. 그 깊이가 무려 1만 1034미터에 이른답니다!

세계의 바다를 관찰하다

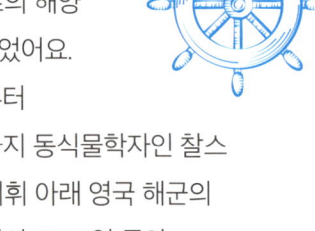

영국의 **챌린저호**는 세계 최초의 해양 탐사선이었어요. 1872년부터 1876년까지 동식물학자인 찰스 톰슨의 지휘 아래 영국 해군의 지원을 받아 1290일 동안 약 13만 킬로미터를 항해하며 거의 전 세계의 바다를 살펴보았지요. 당시 수집한 생물 표본 중에는 무려 수심 5000미터에서 사는 것도 있었답니다.

지구를 이해하다

발견, 또 발견!
해마다 약 2000여 종의 바다 생물이 새롭게 발견되고 있어요!

하늘에서 본 바다
지금 이 순간에도 수많은 관측 위성들이 높은 하늘에서 지구를 내려다보며 정보를 얻고 있어요. 덕분에 우리는 해양 주변의 특징은 물론이고 해저 지형에 관한 정보까지도 보다 정확하게 알 수가 있지요. 2001년부터 2016년 사이에 발사된 제이슨 위성 1, 2, 3호는 파도의 높이까지도 센티미터 단위로 정확하게 측정할 수 있대요!

소리로 물의 깊이를?
예전에는 물의 깊이를 재기 위해 추를 매단 긴 줄을 바닷속에 빠뜨리곤 했어요. 힘도 많이 들었지만 무엇보다 정확도가 떨어지는 게 문제였지요. 이후 초음파를 통해 수심을 측정하는 **음파 탐지기** '소나'가 발명되었고, 진동으로 지진을 기록하는 지진계를 통해 해저를 연구하게 되었어요. 무엇보다 수심을 정확하게 측정할 수 있어 해저 지도를 제작하는 데 큰 도움이 되었답니다.

물속에 화산이?
지구에서 일어나는 화산 활동의 90퍼센트는 바닷속에서 일어난답니다.

바닷속 산맥
깊은 바다에 산맥 모양으로 길고 좁게 솟아 있는 지형을 **해령**이라고 해요. 그중에서도 각 대양의 중앙 부근에 있는 '대양 중앙 해령'은 최고 높이가 3000미터에 이르기도 해요. 해저의 화산 활동은 바로 이곳을 중심으로 일어나지요. 해령에서 분출된 마그마가 식으면서 형성된 해양 지각은, 해저에 쌓여 있던 퇴적물들을 대륙 쪽으로 밀어내게 됩니다. 이 과정에서 대륙이 높아지는 거예요. 이는 곧 지구의 표면이 여러 개의 판으로 이루어져 있다는 '판 구조론'의 증거가 되지요. 1927년에 발견된 유럽과 아메리카 지각판의 경계에 위치한 대서양 중앙 해령은 이런 현상을 대표적으로 잘 보여 주고 있어요.

암석 속의 얼룩말 무늬
해저의 지각을 이루고 있는 암석들 속에서는 종종 '얼룩말 무늬'를 볼 수 있어요. 마그마는 굳어지는 순간의 자기장을 몸에 새겨 두는 성질이 있어요. 그런데 과거 지구에서는 자기장의 방향이 바뀌는 현상이 여러 차례 일어났지요. 이런 **지구 자기 역전 현상** 때문에 마그마가 냉각되어 만들어진 해저 지각에 마치 얼룩말의 줄무늬 같은 띠 모양이 생긴 거예요. 이 무늬 역시 해저가 점점 확장되고 있다는 증거랍니다.

1898년 삽화에 묘사된 해양 동식물

바람 속의 과학

날씨를 맞혀라!

20세기 초 노르웨이의 지구물리학자 빌헬름 비에르크네스는 수학적으로 **날씨를 예측**할 수 있는 방법을 생각해 냈어요. 대기를 기체나 액체처럼 자유롭게 움직일 수 있는 일종의 유체로 가정한 뒤, 그 유체에 작용하는 힘을 특정 법칙으로 나타내는 거예요. 비에르크네스는 실제로 압력과 온도 등을 변수로 하여 대기의 움직임을 예측하는 모형을 만들었는데, 그 덕에 현대 기상학의 창시자 중 한 명으로 불리고 있답니다. 초기에는 가까운 미래만 예측할 수 있었지만, 이후 새로운 모형들이 개발되면서 더 먼 미래까지 예측하게 되었어요.

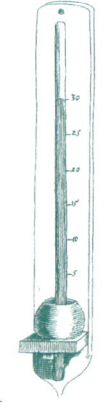

장미를 닮았어요

어떤 지점에서 일정 기간 동안 부는 바람의 방향과 빈도를 그래프로 나타낸 것을 '풍배도'라고 해요. 그래프가 거미줄처럼 퍼져 나가는 모양이 장미를 닮았다고 해서 '바람 장미'라고도 하지요. 고대부터 사용되던 풍배도는 오늘날에도 풍력 발전기의 위치와 방향을 정확히 잡을 때 많이 활용되고 있고, 항해에도 도움이 된답니다.

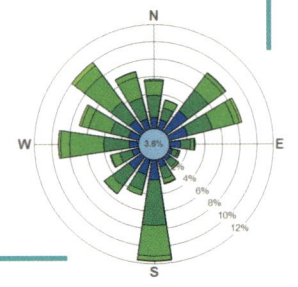

휘몰아치는 바람!

태풍은 따뜻한 바다 위에서 발생해 시속 약 20킬로미터의 속도로 육지를 향해 천천히 이동하는 열대성 저기압이에요. 태풍은 시속 300킬로미터가 넘는 강풍을 동반하기도 하고, 태풍이 불 때 바다에서는 수 미터 높이의 파도가 1000킬로미터에 걸쳐 일어나기도 해요. 그러나 태풍의 한가운데는 오히려 고요한 모습을 보이는데, 이곳을 '태풍의 눈'이라고 해요. 태풍의 눈은 보통 태풍의 중심에서 지름 30~150킬로미터 이내의 지역에 형성된답니다. 태풍은 발생 지역에 따라 사이클론, 허리케인, 바기오, 윌리윌리 등으로도 불러요. 토네이도 역시 태풍처럼 강풍을 일으키는 기상 현상입니다. 태풍에 비해 짧은 시간 동안 좁은 범위에 나타나지만 파괴력은 오히려 태풍보다 클 수 있어요. 폭우를 동반하기도 하고요.

구름의 종류

미세한 물방울이나 얼음 알갱이가 한곳에 모여 대기 중에 떠 있는 것이 **구름**입니다. 구름은 위치한 높이에 따라 크게 '권운', '적운', '층운'으로 나뉘어요. 가장 위쪽의 새털처럼 생긴 구름은 얼음 알갱이로 이루어진 권운입니다. 중층의 적운은 아이들이 흔히 그리는 몽글몽글한 솜뭉치 같은 구름이고요. 가장 아래쪽의 층운은 대개 뿌연 빛을 띠고 있으며 땅에 닿으면 안개를 만들어 내지요.

2009년 멕시코 부근에서 관측된 허리케인 '히메나'

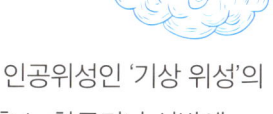

지구를 이해하다

날씨와 비행

메타(METAR)는 정시 관측 보고(Meteorological Terminal Aviation Routine Weather Report)의 약자예요. 매시간 정각마다 여러 가지 기상 상황을 관측해서 보고하는 시스템으로, 모든 공항은 이 메타의 체계를 따르고 있어요. 메타의 기상 정보는 암호로 된 30여 개의 숫자와 문자로 이루어져 있는데, 여기에는 발신 공항, 보고 날짜와 시각 등 비행기의 이착륙에 중요한 영향을 미치는 중요한 기상 조건들이 들어 있지요.

다양한 도구들이 필요해!

1960년대부터 **일기 예보**는 날씨 관측을 위해 발사된 인공위성인 '기상 위성'의 자료에 많이 의존하고 있어요. 하지만 레이더와 지상 관측소, 항공기나 선박에 탑재된 관측 도구들도 여전히 중요하게 사용되고 있지요.

대기는 가만히 있지 않아!

대기의 압력은 위치에 따라 높아지거나 낮아질 수 있어요. 그래서 고기압이나 저기압이 형성되면서 구름이나 폭우 같은 기상 현상들이 나타나지요. 공기는 고기압에서 저기압으로 이동하면서 바람을 만들어 내는데, 남반구와 북반구에서 바람이 부는 방향이 서로 달라요. 남반구에서는 반시계 방향, 북반구에서는 시계 방향으로 불지요. 바람의 세기는 압력의 차이에 따라 달라져요. 그래서 고기압과 저기압의 크기를 알면 바람의 세기도 예측이 가능하답니다.

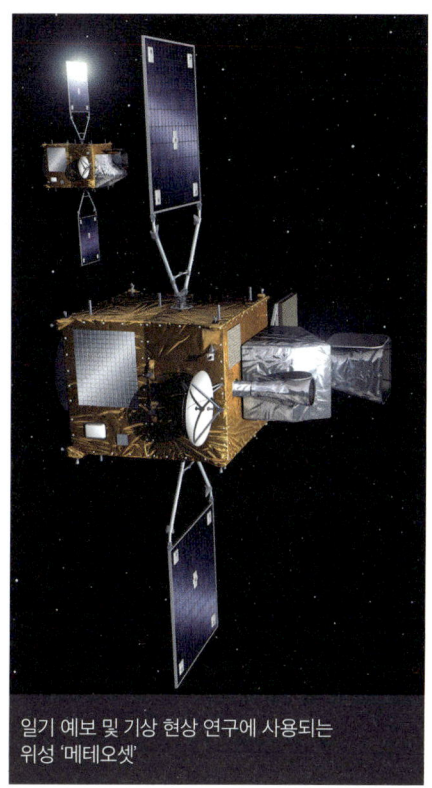

일기 예보 및 기상 현상 연구에 사용되는 위성 '메테오셋'

파도와 해일

파도는 보통 수면 위로 부는 바람 때문에 일어나요. 따라서 파도의 크기는 바람의 세기와 지속 시간, 그리고 바람이 속도나 방향의 변화 없이 불어온 수평 거리인 '취송 거리' 등에 따라 달라져요. 특히 취송 거리가 길수록 큰 파도가 생기지요. 물론 꼭 바람이 원인인 것은 아니에요. '쓰나미'라고도 불리는 해일은 지진이나 지각판의 갑작스러운 운동, 빙산의 붕괴 등으로 일어나요. 이렇게 일어나는 해일성 파도는 일반적인 파도와 크기부터 달라요. 때로는 수십 미터 높이로 일어나 수천 킬로미터까지 밀려갈 때도 있답니다!

나비의 날갯짓이 폭풍우를?

일기 예보는 맞는 경우도 있지만 틀릴 때도 있어요. 특히 한 달 후 같은 먼 시간의 날씨를 정확하게 예측하기란 정말 어려운 일이에요. 대기에는 아주 사소해 보이는 작은 이유로도 큰 변화가 일어날 수 있기 때문이에요. 예를 들면 아마존에 사는 나비 한 마리의 날갯짓이 원인이 되어 미국의 텍사스에서 폭풍우가 일어날 수도 있답니다. 미국의 기상학자 에드워드 로렌츠는 이것을 **나비 효과**라고 설명했어요. 이처럼 대기의 조건에 아주 작은 변화만 생겨도 며칠 후엔 그로 인해 대기의 상태가 엄청나게 달라질 수 있으니, 한 달 후의 날씨를 예측하는 건 쉽지 않겠지요?

해저 탐사 : 깊은 바닷속 여행

깊은 바다에 서식하는 산호초와 물고기

지구? 알고 보면 수구!

지구 전체의 바다 넓이는 약 3억 6070만 제곱킬로미터에 달해요. 지구 면적의 70퍼센트가 바다인 거예요. 이 정도면 물의 행성이라고 불러도 될 정도지요! 게다가 바다는 지구의 표면만 넓게 덮고 있는 것이 아니에요. 평균 수심이 3800미터에 이르는 바다는 육지보다 훨씬 넓고 깊은 세계를 이루고 있답니다. 우리 인간은 이런 바다에 대해 알고 있는 것보다 모르고 있는 것이 훨씬 더 많고요.

종으로 바닷속 탐험을?

다이빙 벨은 종처럼 생긴 장비로, 공기가 들어 있어서 다이빙 벨 안에 들어가면 물에서도 한동안 숨을 쉴 수 있게 도와줘요. 최초의 다이빙 벨은 기원전 4세기에 마케도니아의 알렉산드로스 대왕이 썼던 '콜림파'로 알려져 있어요. 알렉산드로스 대왕은 직접 이 콜림파를 타고 수심 수십 미터를 내려가 보았다고 해요.

더 깊은 물속으로!

1943년 프랑스의 공학자 에밀 가냥과 해군 장교 자크 이브 쿠스토는 '자급식 수중 호흡기', 즉 스쿠버를 만들었어요. 스쿠버 다이빙을 할 때 등에 지고 있는 바로 그 장치 말이에요! 이제 배에 연결된 긴 호스 없이도 깊은 곳까지 잠수를 할 수 있게 된 것이지요. 스쿠버는 공기 탱크에 자동 압력 조절기가 달려 있어요. 잠수부가 공기를 들이마실 때 압력 조절기가 공기의 압력을 수심에 따라 알맞게 조절해서 내보내 주는 것이지요. 이렇게 하면 잠수부는 폐에 가해지는 물의 압력을 이겨내고 편하게 숨을 쉴 수 있답니다.

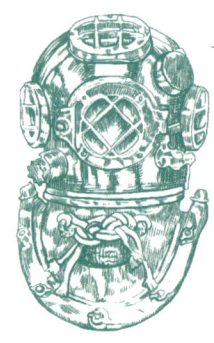

다이빙 헬멧

최초의 다이빙 헬멧은 1715년 프랑스의 해군 경비대이자 귀족이었던 피에르 레미 드 보브가 발명했어요. 바람을 불어 넣는 풀무를 호스로 헬멧과 연결해 공기를 공급하는 방식이었지요.

다이빙이 최고!

잠수 장비들이 발명되기 전에는 물속을 관찰할 수 있는 방법이 '프리다이빙'뿐이었어요. 즉, 그저 숨을 참고 잠수를 해야 했지요. 물과 친숙한 일부 사람들은 뛰어난 잠수 능력을 지니고 있는데, 2016년 뉴질랜드의 다이버 윌리엄 트루브리지는 아무런 장비 없이 무려 214미터를 잠수하는 기록을 세우기도 했어요!

지구를 이해하다

해저 탐사의 선구자, 자크 이브 쿠스토

새로운 해양탐사의 시작!

스쿠버의 개발로 해양학은 눈부시게 발전하기 시작했어요. 스쿠버의 개발자이기도 한 프랑스의 **자크 이브 쿠스토**는 해양 관측용 배 '칼립소호'를 타고 전 세계의 해양 탐사를 직접 지휘했지요. 수많은 수중 촬영을 통해 바닷속 풍경을 널리 알리기도 했고요. 덕분에 많은 사람들이 해양 환경 보호에 관심을 갖게 되었답니다.

향고래는 수심 3킬로미터까지 잠수할 수 있다.

잠수 왕은 누구?

고래처럼 바다에 사는 포유류는 사람처럼 공기 중의 산소를 들이마시며 호흡해야 해요. 하지만 사람과 달리 아주 깊은 곳까지 잠수할 수 있지요. 그중 **향고래**는 무려 2시간 동안이나 숨을 참으며 수심 3킬로미터 깊이까지 잠수할 수 있답니다!

잠수함의 탄생

물속을 누빌 수 있는 최초의 **잠수함**은 18세기 말, 군사 목적으로 만들어졌어요. 군사용이 아닌 해저 탐사를 위한 심해 잠수정은 1948년 스위스의 물리학자 오귀스트 피카르가 개발했지요. 그의 아들인 자크 피카르는 1960년 미국의 해군 돈 월시와 함께 심해 잠수정 '트리에스테호'를 타고 지구에서 가장 깊은 바다인 마리아나 해구를 탐험했는데, 이때 무려 1만 916미터 지점까지 내려가는 기록을 세웠답니다! 2012년에는 미국의 영화감독 제임스 카메론도 이 마리아나 해구에서 '딥씨 챌린저호'를 타고 단독 잠수에 도전해 1만 898미터라는 기록을 남겼지요.

넓고 깊은 미지의 세계

바다에는 약 100만 종의 생물이 살고 있는 것으로 추정되고 있어요. 그리고 그중 약 3분의 2에 대해서는 아직도 알려진 것이 없답니다.

깊이, 더 깊이!

스쿠버 장비를 이용해서 가장 깊이 **잠수**한 기록은 2014년 이집트의 아흐메드 가브르가 세운 332.35미터예요. 그리스의 테오도로스 마브로스토모스는 1988년 기압 조절 잠수복을 이용한 최고 기록인 534미터에 성공했고, 1992년에는 고기압 산소 장치를 이용한 최고 잠수 기록 701미터를 달성하기도 했어요!

27

가이아 이론 : 지구가 살아 있다고?

지구는 살아 있다?

1978년, 영국의 과학자 제임스 러브록은, 지구는 환경과 생물로 구성된 하나의 생명체라고 주장하는 **가이아 이론**을 제시했어요. 지구가 살아 있는 생물처럼 스스로의 상태를 조절할 수 있다는 것이지요. 이 이론은 지구 온난화, 생물 다양성의 파괴, 자원의 고갈 등 지구 생태계가 직면하고 있는 여러 가지 위기와 맞물려 다시금 사람들의 시선을 끌고 있어요.

양파를 닮았어요

지구는 다양한 물질로 이루어진 '지권', 생물로 이루어진 '생물권', 여러 층의 '대기권' 등으로 **층층이 구성**되어 있어요. 여러 개의 동심원으로 겹겹이 꽉 찬 모습이 마치 양파를 닮았지요. 요즘에는 인간의 활동으로 만들어진 공간을 '기술권'으로 따로 구분하기도 한답니다.

내가 먼저야!

가이아 이론이 나오기 전에도 여러 과학자나 철학자, 사상가들은 지구가 여러 다양한 구성 요소들 사이의 상호 작용으로 조절된다는 생각을 해 왔어요. 독일의 과학자 요하네스 케플러나 이탈리아의 거장 레오나르도 다빈치도 이미 지구를 살아 있는 생명체로 여기고 있었답니다.

인간은 지구의 정신?

1920년대에 러시아의 광물학자 블라디미르 베르나츠키와 프랑스의 고생물학자 피에르 테야르 드 샤르댕, 프랑스의 철학자 에두아르 르루아는 각자 자신의 주장을 담아 '누스페어(noosphere)', 즉 **정신권**이라는 개념을 내놓았어요. 누스페어는 인간의 의식 및 정신 활동으로 이루어진 영역을 뜻하는데, 지구가 인간의 정신으로 이루어지고 있다는 의미예요. 가이아 이론을 지지하는 사람들 중 일부는 인간의 활동으로 만들어진 '기술권'이 지구의 '신경계'라는 주장을 펴기도 한답니다. 인간이 지구를 구성하는 데 없어서는 안 될 필수 성분이라고 생각하기 때문이에요.

지구는 대기권, 지권, 맨틀, 지각, 암석권, 수권, 생물권, 인류권 등 여러 동심원적 공간으로 이루어져 있다.

지구를 이해하다

지구는 우리의 어머니

가이아는 그리스 신화에 나오는 여신입니다. 대지의 여신이자 모든 신의 어머니이기도 하지요. 영국의 과학자 제임스 러브록은 지구를 '거대한 유기체'로 정의한 자신의 이론에서 지구를 이 '가이아' 여신의 이름으로 불렀어요. 이는 친구인 윌리엄 골딩의 제안이었는데, 골딩은 1954년에 발표한 첫 소설 《파리 대왕》으로 이름을 알린 후 1983년에는 노벨 문학상을 수상하기도 한 영국 소설가예요.

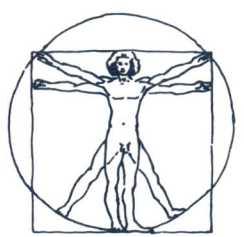

가이아 이론의 시작

1970년대 초 제임스 러브록은 미생물학자인 린 마굴리스와 함께 지구가 생리학적인 특징과 역학적인 체계를 갖춘 존재라는 의견을 내놓았어요. 두 사람은 1974년 생물이 지구 대기의 구성과 조절에 관여한다는 내용을 담은 논문을 공동으로 저술하기도 했지요.

가이아 이론, 비판 혹은 지지?

20세기 말 새로운 시대적 가치를 추구하며 일어난 다양한 사회, 문화, 음악 활동 등을 통틀어 뉴에이지 운동이라고 해요. 뉴에이지를 추구하는 사람들은 가이아 이론에도 큰 관심을 가졌는데, 너무 지나치게 의미를 두는 바람에 오히려 가이아 이론의 과학적인 신뢰도를 떨어뜨리는 결과를 불러왔어요. 게다가 가이아 이론은 영국의 리처드 도킨스나 미국의 스티븐 제이 굴드 같은 신다윈주의자들의 날카로운 비판을 받기도 했어요. 이들은 생존을 위해 진화하는 생물이 살아남는다는 유전 법칙을 믿고 있었기에, 그저 생물의 진화를 상호 작용으로만 설명한 가이아 이론을 받아들이지 못했거든요.

여신의 분노?

제임스 러브록이 지구에 '가이아'라는 여신의 이름을 붙이고 인격이 있는 사람처럼 표현한 것은, 지구에서 일어나는 여러 가지 조절 현상이나 상호 작용들을 마치 살아 있는 생물처럼 비유하는 표현이었지요. 하지만 이런 비유를 사실처럼 믿으려는 사람들도 있어요. 그들은 지구 온난화나 예기치 못한 자연재해를 가이아의 분노라고 표현하기도 해요.

국제우주정거장에서 본 지구의 대기

자원을 이용하다

자원, 무한대가 아니에요!

인류는 오랫동안 지구의 풍부한 자원을 잘 이용해 왔습니다. 금속과 암석 같은 무기물에서 용도를 찾아내고, 석유 같은 유기물들은 분해하여 연료 등으로 다양하게 활용했지요. 지구의 온갖 요소가 지닌 가치들을 아주 알차게 사용하고 있어요. 그런데 우리는 중요한 사실을 기억해야 해요. 지구가 지닌 자원은 무한하지 않다는 것을 말이죠. 지구는 외부에서 들어오거나 외부로 나가는 것이 거의 없는 닫힌 체계예요. 그러니 지구의 체계가 조화롭게 잘 유지되려면 이 한정적인 자원의 순환이 잘 이루어져야 한답니다. 안 그러면 지구에 커다란 재앙이 닥칠지도 몰라요!

모래를 지켜라!

모래를 예로 들어 볼까요? 모래는 물과 산소 다음으로 우리가 가장 많이 사용하고 있는 자원이에요. 세계적으로 매년 약 400억 톤이 넘는 모래가 건설 현장을 비롯해 유리, 세제, 종이, 반도체 제조 등 수백 가지가 넘는 다양한 용도로 소비되고 있어요. 특히 인구가 늘어나면서 집을 짓기 위한 모래의 수요가 계속 늘어나고 있답니다. 온통 모래로 되어 있는 사막도 있는데 그게 무슨 문제가 되냐고요? 안타깝게도 사막의 모래는 건물을 짓는 데에는 쓸 수가 없어요. 너무 입자가 고와서 잘 뭉쳐지지 않거든요. 그래서 채석장이나 하천 바닥에서 가져다 써 왔는데, 이제는 그것으로 부족해서 해변의 모래 언덕이나 해변, 심지어 바다 밑에서도 모래를 파내고 있답니다. 그런데 문제는, 이런 곳들의 모래가 홍수나 폭풍우로부터 육지를 보호해 주는 역할을 한다는 거예요. 여러 생물들이 살아가는 장소이기도 하고요. 이런 곳에서 무분별하게 모래를 퍼냈으니 어떤 일이 생겼을까요? 어떤 곳에서는 몇 년 사이에 해변이

에티오피아 댈롤 화산 지대. 35억 년 전 지구에 생명체가 출현했을 때와 비슷한 극한의 환경이지만, 2016년에 미생물이 발견되었다.

수 미터나 짧아지기도 했고, 어떤 바다에서는 물고기가 사라져 어부들이 물고기를 잡을 수 없게 되었대요.
우리 인간들은 모래와 같은 기초 자원을 활용해 교통과 기술, 산업 등 많은 분야의 발전을 이루었어요. 하지만 그렇게 자원을 개발하고 이용하는 동안 지구의 환경과 생물의 다양성, 인류의 건강 등에 큰 문제를 일으킨 것도 사실이랍니다. 심지어 그 영향은 점점 커지고 있고요. 다행히 지금은 많은 나라들이 이런 문제를 깨닫고 해결책을 찾기 위해 다양한 연구를 진행하며 노력하고 있지요.

지구는 적자 상태

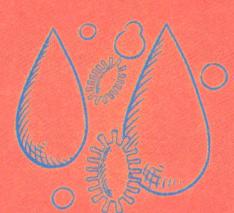
지구에는 이미 80억의 인구가 살고 있어요. 21세기 말에는 그 수가 무려 110억에 달할 것으로 예상되고 있지요. 당연히 필요한 식량의 양도 어마어마하게 늘어날 거예요. 그런데 식량을 생산해야 할 농경지는 오히려 점점 줄어들고 있답니다. 사람들이 농사를 짓는 대신 건물을 세우고 있거든요. 대신에 과학자들은 유전 공학을 이용한 유전자 변형 식품으로 작물의 생산량을  늘리려는 노력을 하고 있어요. 물론 생산이나 소비의 방식에도 변화를 주기 위해 애쓰고 있지요. 하지만 이제 환경을 고려하지 않는 개발은 불가능하답니다.
더구나 우리는 이미 지구의 자원을 과도하게 사용하면서 지구에 심각한 적자를 입히고 있어요. 미국의 환경 연구 단체인 '지구 생태 발자국 네트워크 (Global Footprint Network, GFN)'에서는 해마다 지구의 자원이 언제 바닥날지 1년 단위로 계산해서 발표하고 있어요. 그날을 '지구 생태 용량 초과의 날'이라고 하는데, 예를 들어 2018년의 생태 용량 초과의 날은 8월 초반이었어요. 2월 31일까지 1년간 써야 할 자원을 8월에 이미 다 써 버렸다는 뜻이에요.
8월 이후에 쓰게 되는 자원은 내년의 것, 즉 미래 세대가 써야 할 것을 미리 가져다 쓰는 셈이에요. 이런 적자 상태를 해결하려면 지구는 지금보다 1.6배는 더 커야 해요. 아니면 자원을 가져다 쓸 또 다른 지구를 찾아내든지요. 하지만 당장 그렇게 할 수 없다면, 우리는 반드시 새로운 에너지원을 개발하고 자원을 재활용할 수 있는 방법을 찾아야 해요.

연료와 에너지

19세기 석탄을 캐던 탄광의 모습

석탄

석탄 에너지는 오래전부터 사용되어 왔으나 이용량이 크게 늘어난 것은 산업화 시대부터예요. 현재 석탄은 전 세계 열에너지 원료 중 약 40퍼센트를 차지하고 있어요. 전 세계에서 석탄을 가장 많이 생산하고 있는 나라는 중국이에요.

목탄과 야금술

우리가 흔히 '숯'이라고 부르는 **목탄**은 나무를 구워서 만들어요. 선사 시대부터 사용되고 있는 오래된 연료로 화약, 필터, 약제, 거름 등의 재료로도 다양하게 활용되고 있답니다. 목탄을 이용해 광석을 가열하면 철을 추출할 수 있어서 야금술(광석에서 금속을 골라내는 기술)의 발전에도 도움을 주었지요. 그런데 18세기 초, 무기 산업과 같이 금속을 이용하는 산업이 늘어나자 문제가 생기기도 했어요. 목탄을 만들기 위해 무수히 많은 나무가 베어졌고, 목재는 구하기도 어려워졌고, 금속의 가격은 폭등했거든요.

코크스 덕분에 철도가!

1709년 영국의 제철업자 에이브러햄 다비는 철을 생산할 때 목탄 대신 **코크스**를  사용하는 방법을 찾아냈어요! 코크스는 석탄으로 만드는 연료의 일종이에요. 드디어 목탄 부족 문제를 해결한 것이지요. 게다가 코크스는 목탄보다 생산성이 높아서 단단한 주철을 대량으로 생산할 수 있게 되었어요. 덕분에 철도를 건설할 수도 있었지요. 현재는 세계적으로 연간 약 7억 톤의 코크스가 생산되고 있답니다.

석탄에서 가스가?

석탄을 코크스로 변환하는 과정에서 가스가 만들어져요. 이 가스는 암석이나 땅속에서 발견되는 천연가스와 구분하기 위해 '제조가스'라고 부른답니다. 석탄으로 만들어진 이 제조가스는 공공장소에서부터 일반 가정에 이르기까지 난방, 조명, 요리 등의 용도로 폭넓게 사용되었어요. 그래서 일명 '도시가스'로 불리기도 한답니다.

석탄

자원을 이용하다

원유를 정제하여 석유로 만드는 정유 공장

핵의 두 얼굴

원자로에서 핵반응을 일으켜 에너지를 만드는 **핵연료**는 비교적 저렴한 비용으로 전기를 생산할 수 있다는 장점이 있어요. 그래서 현재 전 세계 곳곳에 약 450기('기'는 원자로를 세는 단위)의 핵 발전소가 세워져 있고, 여기에서 전 세계 전력의 11퍼센트가 만들어져요. 미국은 99기를, 프랑스는 58기를, 우리나라는 24기를 보유하고 있지요. 그런데 이런 핵연료를 이용해 전기가 아닌 무기를 만든다면 그 무시무시한 파괴력으로 전 인류를 파멸로 몰아넣을 수도 있어요! 그래서 미국의 34대 대통령 아이젠하워는 1953년 유엔에서 세계 각국에게 핵에너지를 평화적으로 이용하자고 했지요.

석유는 어떻게 만들어질까?

석유는 석탄이나 천연가스처럼, 유기물이 오랜 시간에 걸쳐 천천히 분해되면서 만들어진 화석 에너지의 일종이에요. 주로 진흙이 쌓여 만들어진 퇴적암이 석유의 원재료가 되어요. 퇴적암이나 플랑크톤 등의 물질이 땅속에서 분해되던 중 다양한 압력과 온도, 세균의 작용 등을 만나면 수소와 탄소가 풍부한 액체로 변해요. 즉, 탄화수소를 주성분으로 하는 석유가 만들어지는 거예요. 이렇게 만들어진 석유가 다른 곳으로 흐르지 않고 암석 사이에 고이면 석유가 나는 '유전'이 형성되지요.

석유의 여러 가지 모습

석유의 원유를 끓이는 등 정제 과정을 거치면 가스 연료(프로판가스, 부탄가스)와 액체 연료(휘발유, 경유, 등유)를 얻을 수 있어요. 연료를 추출하고 남은 찌꺼기에서는 아스팔트를 얻을 수 있지요. 이렇게 석유를 정제하는 과정에서 생겨난 것이 바로 '석유 화학 공업'입니다.

본격적인 석유 산업의 시대

석유는 기원전 6000년 무렵부터 이미 불을 붙이는 용도로 사용되고 있었어요. 하지만 산업적으로 이용되기 시작한 것은 1857년부터예요. 당시 세계 최대 석유 생산국이었던 루마니아의 부쿠레슈티 지역에서 가로등에 불을 밝히는 데 사용되었거든요. 한창 인기를 끌던 석유램프는 20세기 초에 등장한 전기에 밀려 점차 사라졌어요. 하지만 **자동차 산업**이 크게 발전하면서 석유 산업은 점점 더 번성했답니다.

원자력

원자력 에너지는 우라늄 같은 방사성 물질의 원소가 핵분열을 할 때 얻을 수 있어요.

X선과 방사능

뢴트겐이 만든 X선관

방사능이란?

방사능은 라듐, 우라늄, 토륨 같은 원소의 원자핵이 붕괴되면서 방사선을 내뿜는 현상을 말해요. 이 과정에서 전자, 헬륨 원자핵, 중성자 등의 입자와 빛, 운동 에너지 등이 방출되지요.

정체를 알 수 없는 빛

1895년 독일의 물리학자 빌헬름 뢴트겐은 진공 유리관 양 끝에 전극을 설치한 '음극선관'을 관찰하고 있었어요. 검은 종이로 덮어 두었는데도 강한 빛이 종이를 뚫고 새어 나왔거든요. 뢴트겐은 아내의 손을 사진 건판(당시의 사진 필름이나 인화지) 앞에 두고 이 빛을 쏘아 보았어요. 그러자 놀랍게도 사진에 아내의 손가락 뼈 모습이 반지와 함께 찍혔어요! 빛이 뼈와 반지만 통과하지 못한 거예요. 뢴트겐은 이 정체를 알 수 없는 빛에 X선이라는 이름을 붙였고, 이것이 방사능 연구의 시작이었답니다.

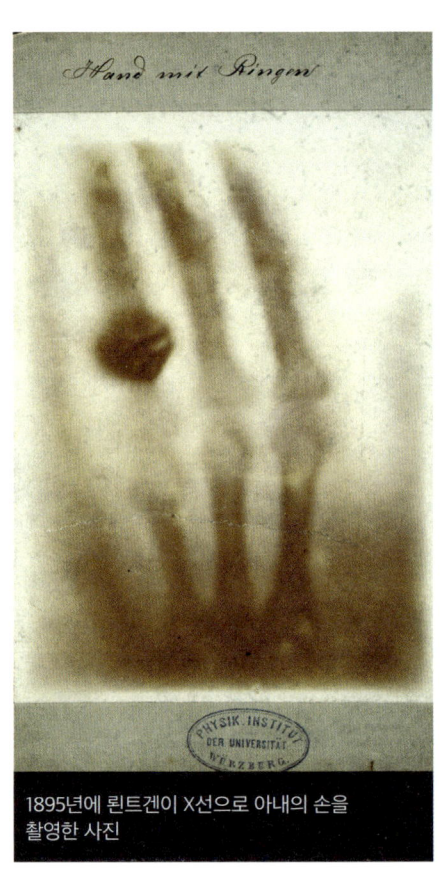

1895년에 뢴트겐이 X선으로 아내의 손을 촬영한 사진

연금술사들의 꿈이 이루어지다!

1903년 영국의 물리학자인 어니스트 러더퍼드와 프레더릭 소디는 방사능 현상이 일어날 때 원자 자체의 성질이 바뀐다는 점에 주목했어요. 우라늄과 토륨의 방사능 붕괴는 여러 원소를 거쳐 최종적으로는 납이 된다는 것을 밝혔고, 질소 원자핵이 산소 원자로 변환되는 현상도 관찰했어요. 한 물질을 다른 물질로 바꾸는 것은 연금술사들의 오랜 꿈이었지요. 그런데 그 꿈을 원자물리학이 이룬 거예요!

방사선이다!

프랑스의 물리학자 앙리 베크렐은 뢴트겐이 발견한 X선을 보고 자신도 사진 건판을 이용한 연구를 시작했어요. 사진 건판으로 물질이 빛을 내는지 확인할 수 있거든요. 베크렐은 햇빛에 노출된 우라늄염(우라늄이 농축되어 있는 물질)에서 빛이 나오는 것을 발견했는데, 처음에는 우라늄염이 햇빛을 머금고 있다가 천천히 발산한다고 생각했어요. 그런데 나중에 보니, 우라늄염을 햇빛에 노출시키지 않아도 빛이 나오는 게 아니겠어요? 외부의 어떤 작용이 아닌 스스로 빛을 내는 것이었지요. 이 빛이 바로 '우라늄선' 혹은 '베크렐선'이라고도 불렸던 방사선이에요.

자원을 이용하다

대단한 부부

프랑스의 물리학자 피에르 퀴리는 이미 다른 연구로 학계의 큰 주목을 받던 사람이에요. 그러던 중 베크렐이 발견한 우라늄선에 관심을 갖고 아내인 마리 퀴리에게 박사 논문의 주제로 그 현상을 좀 더 자세히 연구해 보라고 권했지요. 나중에는 함께 연구를 진행한 퀴리 부부는 베크렐이 발견한 이 현상에 '방사능'이라는 이름을 붙였답니다.

온 가족이 함께!

프랑스의 물리학자 프레데리크 졸리오는 마리 퀴리의 조수였어요. 그러다 퀴리 부부의 딸이자 같은 물리학자였던 이렌 퀴리와 결혼하게 되었지요. 이후 **졸리오퀴리**로 성을 바꾼 프레데리크는 아내와 함께 인공 방사능을 발견해 1935년 노벨 화학상을 수상했답니다. 이 발견으로 인해 핵을 에너지로 이용하거나 무기로 개발하는 방법이 발전하게 되었지요.

방사능과 마리 퀴리

마리 퀴리는 우라늄 화합물에서 나오는 방사선이 우라늄 원자 자체의 성질과 관계가 있다는 사실을 알아냈어요. 그리고 토륨도 같은 성질을 지녔음을 발견했지요. 마리 퀴리는 남편 피에르 퀴리와 함께 우라늄보다 강한 방사능을 띠는 '폴로늄'과 '라듐'을 추출하는 데도 성공했답니다. 그 공으로 부부가 나란히 노벨 물리학상을 받았지요.

방사선의 종류

1899년 영국의 물리학자 **어니스트 러더퍼드**는 방사선을 연구하던 중 두 종류의 방사선을 구분해 냈어요. 하나는 헬륨 원자핵과 동일한 입자, 즉 양성자와 중성자를 2개씩 가진 입자에서 나오는 양전하를 띠는 '알파선'이에요. 또 다른 하나는 전자에서 나오는, 음전하를 띠는 '베타선'이었고요. 1900년 프랑스의 물리학자 폴 빌라르가 발견한 '감마선' 역시 방사선의 일종이에요. 파장은 X선과 비슷하지만 아주 높은 에너지의 빛 입자로 이루어져 있지요.

원자로 원자를 밝혀내다

1910년 러더퍼드는 자신의 조수인 독일의 한스 가이거, 영국의 어니스트 마르스덴과 함께 알파선을 금박(금을 얇게 펼쳐 놓은 것)에 쏘는 실험을 했어요. 대부분의 알파선은 금박을 직선으로 통과했지만, 어떤 지점에서는 알파선이 큰 각도로 휘어지거나 튕겨져 나오는 것이 아니겠어요? 알파 입자가 금박에 존재하는 어떤 것과 충돌했다는 뜻이지요. **원자핵**의 존재는 이렇게 발견되었답니다.

이렌 퀴리(왼쪽)와 프레데리크 졸리오(오른쪽)

핵무기 : 과학과 재앙

에너지가 되거나 혹은 무기가 되거나

에너지를 생산하는 **원자로**와 무기로 쓰이는 **원자 폭탄**은 작동하는 원리가 같아요. 둘 다 연쇄 반응을 이용하거든요. 예를 들어 우라늄235는 원자가 중성자와 충돌하면 쉽게 붕괴되는 핵분열성 물질이에요. 프랑스의 물리학자 프레데리크 졸리오가 1939년 실험을 통해 이 같은 핵분열 현상을 증명했었지요. 이때 붕괴된 핵에서 나온 중성자가 다른 원자와 다시 충돌하면 새로운 핵분열 반응이 일어나게 된답니다. 핵분열성 물질에서 핵분열이 일어나면 도미노가 쓰러지듯 연쇄 반응이 일어나면서 막대한 양의 에너지가 방출돼요. 원자로의 경우 이 연쇄 반응을 잘 제어해서 폭발하지 않도록 관리하지만, 주의하지 않으면 어마어마한 폭발이 일어나 큰 재앙이 벌어질 수 있다고요!

후회로 남은 서명

1939년 8월 2일 미국 대통령 루스벨트는 한 통의 편지를 받았어요. '아인슈타인-실라르드 편지'로 불리는 이 편지는 핵무기를 개발하자는 내용이었어요. 이 편지를 실제로 쓴 사람은 헝가리의 물리학자 레오 실라르드였고 미국의 물리학자 아인슈타인은 실라르드의 부탁으로 서명만 했었답니다. 그러나 훗날 아인슈타인은 이 서명을 뼈저리게 후회했고, 이후 죽을 때까지 핵무기 폐기 운동을 벌였지요.

맨해튼 프로젝트

미국은 핵무기 경쟁에서 독일을 이기고 싶어 했어요. 히틀러보다 먼저 핵무기를 손에 넣어야 한다고 판단했지요. 그래서 과학자들이 군과 힘을 합쳐 **맨해튼 프로젝트**라는 대규모의 계획에 나섰답니다. 오펜하이머, 페르미, 보어, 실라르드, 파인먼 등 세계의 유명 물리학자들이 모여 원자 폭탄을 만드는 연구를 시작한 거예요.

최초의 원자로

1942년 미국으로 망명한 이탈리아의 물리학자 엔리코 페르미는 시카고에서 최초의 원자로 **시카고 파일 1호**를 만들어 냈어요. 지금 사용되고 있는 원자로의 조상이라고 할 수 있지요. 흑연으로 만든 벽돌을 층층이 쌓아 올리고 그 사이에 우라늄을 넣어 둔 형태로 되어 있었어요. 그래서 '쌓아 올린 더미'라는 뜻의 '파일(pile)'이라는 이름이 붙었답니다.

핵무기를 둘러싼 치열한 경쟁!

핵분열 에너지가 가진 파괴적인 힘을 군사적으로 이용하는 방법은 일찍부터 검토되고 있었어요. 1939년 헝가리 출신의 미국 물리학자 레오 실라르드는 루스벨트 미국 대통령에게 핵분열을 이용하면 새로운 형태의 강력한 **폭탄**을 제조할 수 있다는 편지를 쓰기도 했어요. 1939년 9월 제1차 세계 대전이 일어났고, 그 편지는 10월에 루스벨트 대통령에게 전해졌지요. 맨해튼 프로젝트는 이렇게 시작되었던 거예요.

최초의 원자로를 개발한 엔리코 페르미

자원을 이용하다

1945년 7월 16일 미국 뉴멕시코주에서 진행된 최초의 원자 폭탄 실험

최초의 원자 폭탄 실험

원자 폭탄의 개발을 이끈 것은 미국의 물리학자 줄리어스 로버트 오펜하이머였어요. 미국 뉴멕시코주의 로스앨러모스에서 연구가 진행되었지요. 그런데 문제가 있었어요. 원자 폭탄의 재료인 우라늄235는 아주 많은 양이 필요했는데, 자연에서는 충분한 양을 얻기가 쉽지 않았거든요. 과학자들은 우라늄을 농축하거나 플루토늄 같은 다른 원소들로 대체해서 이 문제를 해결했어요. 그리하여 1945년 7월 16일, 미국 뉴멕시코주의 앨라모고도 사막에서 플루토늄을 이용한 **최초의 원자 폭탄 실험**이 이루어졌답니다.

돌이킬 수 없는

제2차 세계 대전 이후 미국을 중심으로 한 자본주의 진영과, 지금은 없어진 옛날 소련을 중심으로 한 사회주의 진영이 서로 경쟁하던 시절을 **냉전 시대**라고 해요. 전쟁이 길어지고 핵무기가 만들어지며 두 진영은 서로가 서로를 두려워하는 '공포의 균형'을 이루기도 했어요. 하지만 결국, 지극히 평범한 사람들이 사는 곳에 두 개의 원자 폭탄이 떨어졌고, 인류의 역사와 과학사에 돌이킬 수 없는 커다란 상처를 남기고 말았지요. 특히 원자 폭탄을 만드는 맨해튼 프로젝트에 직접 참여했던 물리학자들은 대부분 깊은 트라우마와 무거운 죄책감을 떠안게 되었어요. 그래서 지금은 군대에서 핵무기를 줄이고 더 이상의 핵무기가 개발되지 않도록 하기 위해 전 세계가 노력하고 있어요.

폐허가 된 두 개의 도시

1945년 8월 6일 아침, 농축 우라늄으로 만든 원자 폭탄이 일본의 **히로시마**에 투하되었어요. 그리고 사흘 뒤에는 더 강력한 플루토늄 폭탄이 **나가사키**에 떨어졌지요. 폭탄이 떨어진 자리엔 아무것도 남지 않았어요. 사람도, 건물도, 풀 한 포기도 찾아볼 수 없었죠. 폭발력도 무시무시했지만 엄청난 양의 방사능을 방출해 오랜 시간 동안 끔찍한 피해를 입혔어요. 당시 두 개의 원자 폭탄으로 희생된 사람은 약 25만 명에 이른답니다. 이렇게 엄청난 피해를 입은 일본은 1945년 9월 2일에 항복 선언을 했어요. 이렇게 해서 제2차 세계 대전이 막을 내리게 되었고 세계의 정세도 새로운 국면에 접어들게 되었답니다.

1945년 8월 6일 원자 폭탄이 투하된 뒤의 히로시마

만능 소재 : 폴리머

무궁무진한 플라스틱의 세계

일정한 단위로 반복되는 분자 구조를 중합체, 즉 **폴리머**라고 합니다. 분자들이 기다란 사슬 모양으로 연결된 화합물인 '플라스틱'은 대표적인 폴리머의 일종이지요. 플라스틱은 현대 산업 사회에서 가장 성공을 거둔 재료 중의 하나라고 할 수 있어요. 단단하면서도 유연하고, 열과 압력에 의해 다양한 모양을 만들 수 있거든요. 덕분에 자동차 범퍼에서부터 말랑말랑한 용기, 접착테이프, 신용 카드, 카펫 등 그 쓰임새가 무궁무진하답니다. 심지어 녹지도 타지도 않는 특수 플라스틱도 있어요. 플라스틱은 식물의 셀룰로오스나 우유의 카세인, 고무 같은 천연 재료로도 합성해서 만들 수 있지만, 산업 현장에서는 대부분 석유를 이용해 플라스틱을 만들고 있답니다.

패션에 혁명을!

1930년대에 개발된 **나일론**은 플라스틱을 이용한 최초의 합성 섬유입니다. 나일론으로 만든 스타킹은 패션 업계에 혁신을 일으켰지요! 나일론 외에도 비스코스, 스판덱스, 아크릴 등 여러 종류의 합성 섬유가 개발되었어요. 석유 화학으로 만들어진 이런 합성 섬유들은 구김이 적고, 부드럽고, 빨리 마르고, 흡수력이 높다는 점에서 기존의 천연 섬유보다 인기를 끌었어요.

플라스틱을 이용한 항균 섬유

원유를 정제하면?

지하에서 뽑아 올린 원유는 불순물을 걸러내는 **정제** 과정을 거쳐야 사용할 수 있어요. 정제를 하면 보일러에 쓰이는 중유를 비롯해서 경유, 등유 등의 연료를 얻을 수 있지요. 그리고 플라스틱 제조에 쓰이는 나프타도 얻을 수 있고요. 나프타에 화합물을 첨가하고 다양한 보조제를 넣으면, 플라스틱 특유의 단단하면서도 부드러운 성질이 만들어진답니다.

똑똑한 섬유?

일반적인 섬유는 천을 만들 때 쓰는 실을 가리켜요. 하지만 지금은 스마트 섬유의 시대랍니다. 섬유 기술과 정보 통신 기술을 결합한 연구가 한창 진행 중이거든요. 이제 옷감이 상황에 따라 형태를 기억하고 보습, 항균, 충격 흡수, 색상 변화, 통신(와이파이, 블루투스) 등의 기능까지 갖추게 될지 몰라요!

자원을 이용하다

고무나무에서 추출하는 천연 라텍스

가벼우면서도 단단하게!

항공 산업에서는 **비행기의 무게**를 가볍게 하는 것이 매우 중요해요. 가벼울수록 잘 날 수 있고 에너지 소비도 줄일 수 있으니까요. 이런 항공 산업의 고민은 플라스틱 합성수지에 유리 섬유나 탄소 섬유, 아라미드 섬유 등을 섞은 복합 재료 덕분에 많이 해결되었어요. 이렇게 하면 금속보다 단단하지만 가볍고 다양한 모양을 만들기도 쉽거든요. 물론 단점도 있어요. 충격을 받으면 약해지기 때문에 비행기와 새가 충돌하면 문제가 생길 수 있답니다.

환경을 위한 고민

플라스틱은 우리 생활에 많은 편리함을 가져왔지만, 썩지 않는 탓에 심각한 환경 오염을 불러왔어요. 이런 문제를 해결하고자 개발된 것이 녹말과 셀룰로오스를 이용해 만든 **바이오 플라스틱**이에요. 하지만 바이오 플라스틱에도 여전히 화학 물질이 60퍼센트나 들어가고, 제조하는 데 많은 비용이 들어요. 생각했던 것만큼 잘 분해되지도 않았지요.
 이런 점들을 개선하기 위해 지금도 연구가 활발하게 진행되고 있답니다. 하지만 그보다 더 중요한 것은 우리가 플라스틱 제품의 소비를 줄이고 적극적으로 재활용에 나서는 거예요. 아무리 분해가 된다고 하더라도 쓰레기는 결국 쓰레기니까요.

라텍스의 기원

어떤 풀이나 나무에서는 끈적끈적한 유액이 나오는데, 나무 종류에 따라 다양한 특성이 있어요. 그중 고무나무에서 나오는 유액인 라텍스는 탄성과 유연성이 있어서 정제하면 천연고무 등의 유용한 물질을 얻을 수 있답니다. 이 라텍스를 원료로 해서 만든 소재의 이름도 '라텍스'예요. 우리가 많이 알고 있는 일회용 장갑이나 침구용 스펀지 등의 재료로 널리 쓰이고 있지요. 라텍스는 나무의 유액 없이도 석유 화학을 통해 인공적으로 만들 수 있는데, 인공 라텍스는 고무나 접착제를 만들 때 사용해요.

지구가 뜨거워져요!

온실 효과, 원래는 좋은 거였어?

온실 효과는 대기를 가진 행성들에게서 관찰되는 자연스러운 현상이에요. 태양계에서는 금성과 화성, 지구에서 나타나지요. 지금은 환경 오염으로 인해 온실 효과가 심해지면서 지구 온난화 등 문제가 되고 있지만, 온실 효과가 없었다면 지구는 지금보다 훨씬 추웠을 거예요. 태양이 내뿜는 열이 지구에 닿았다가 다시 우주로 나가는 과정에서 지구의 대기가 그 일부를 흡수해 지구 표면을 따뜻하게 유지하는 것이 바로 온실 효과거든요. 지구가 지금보다 훨씬 차가웠다면 생명이 탄생할 수도, 살아남을 수도 없었겠지요.

태양계에서 온실 효과가 나타나는 행성은 화성, 지구, 금성뿐이다.

혼란에 빠진 기후

지구 온난화는 기온 상승 외에도 기후에 다양한 영향을 미치고 있어요. 홍수나 가뭄 같은 극단적인 기상 현상들이 늘어나고 있는 것도 다 지구 온난화의 영향이랍니다.

인간의 잘못?

온실 효과는 원래 자연스러운 현상이지만, 최근 **인간의 활동**으로 인해 그 발생량이 크게 증가해서 문제가 되고 있어요. 가축을 공장 형태로 기르는 축산은 메탄가스의 발생량을 크게 늘렸지요. 석유, 석탄 같은 화석 에너지 사용의 증가나 매년 늘어나고 있는 자동차에서도, 농업 생산량을 늘리기 위해 사용되고 있는 질소 비료에서도 이산화탄소가 어마어마하게 배출돼요. 이렇게 늘어난 온실가스들 때문에 지구의 열이 우주로 빠져나가지 못해 지구의 온도가 상승하고 있고, 그 결과 수증기의 양이 늘어나면서 온실 효과가 더 심해지는 악순환이 계속되고 있답니다.

얼음이 녹고, 바이러스도 녹고!

지구 온난화로 인해 추운 지방의 얼음들이 녹고 있어요. 그런데 그 안에 갇혀 있던 바이러스와 세균이 함께 녹아 문제를 일으키고 있어요! 물론 오래 냉동되어 있는 동안 손상을 입고 위험성이 약해졌을 수도 있지만, 2016년 러시아에서는 70년 넘게 냉동되어 있던 탄저균이 다시 활성화되는 일도 있었기 때문에 안심할 수 없어요. 게다가 학계에서는 바이러스의 독성이 냉동 상태에서도 3만 년 이상 유지되는 것으로 보고 있거든요. 캐나다에서는 얼음 속에서 50만 년 넘게 보존된 세균이 발견되기도 했지요. 그러니 이대로 지구 온난화가 계속 심해진다면 얼음 속에 깊이 잠들어 있던 위험한 병원체가 깨어나 지구에 큰 위협이 될 수도 있답니다!

자원을 이용하다

 **세계가 힘을 합치다**

2016년 공식 발효된 파리 협정은 유엔 기후 변화 회의에서 채택된 조약입니다. 온실가스 배출을 점차적으로 줄여 지구의 온도가 상승하는 것을 막기 위한 조약이지요. 온실가스 배출이 늘기 시작한 산업화 시대 이전에 비해 지구의 온도가 1.5도씨 이상 올라가지 않도록 하는 것이 목표랍니다. 이 조약에는 이라크, 니카라과, 우즈베키스탄, 시리아, 바티칸 등 다섯 나라를 제외한 전 세계가 서명을 했어요.

산호초가 죽어가고 있어요!

'그레이트 배리어 리프(The Great Barrier Reef)'는 오스트레일리아의 북동 해안을 따라 34만 8000 제곱킬로미터에 걸쳐 펼쳐져 있는 **세계 최대의 산호초 지대**예요. 그런데 최근 이곳의 산호들이 사라지고 있고, 여기에 서식하는 1500여 종의 물고기와 4000여 종의 갑각류들 역시 위험에 처해 있답니다. 바다의 수온이 올라가고 산성화되고 있기 때문이지요. 바다는 이산화탄소를 비롯한 지구 전체 온실가스의 약 25퍼센트를 흡수하는 역할을 해요. 그런데 최근 공기 중의 온실가스 농도가 짙어지면서 바다가 흡수하는 양도 늘어나는 바람에 이런 현상이 벌어진 것이지요.

지구 온난화로 남극의 빙하가 녹아내리고 있다.

해수면이 높아지고 있어요

지구 온난화로 인해 북극과 그린란드, 알래스카, 남극 등의 빙하가 빠른 속도로 녹아내리고 있어요. 이 때문에 **바다의 수면은** 지난 50년 동안 매년 10센티미터씩 높아지고 있답니다. 이대로라면 21세기 말까지는 1미터 이상 높아질지도 몰라요! 이렇게 높아지는 해수면 때문에 많은 섬들이 바다에 잠겨 면적이 줄어들고 있지요. 이미 지도에서 사라지고 없거나, 사라질 위기에 처한 섬들도 있어요. 영국의 해안 절벽도 이미 매년 2센티미터씩 잠기고 있고요. 몇 년 후에는 마이애미나 도쿄, 암스테르담 같은 도시들도 침수 피해를 겪을 것으로 예상돼요.

해수의 산성화로 죽음을 맞은 산호

식물과 유전학

품종의 문제

같은 식물이어도 그 **품종**에 따라 키나 성장 속도, 질병을 이기는 힘 등이 달라요. 꽃의 색깔이나 열매의 맛도 다르지요. 같은 귤 종류지만 품종에 따라 한라봉, 천혜향, 레드향 등이 전부 다른 것처럼 말이에요. 좋은 품종의 작물을 얻으려면 좋은 씨앗이 있어야 해요. 순종(다른 품종과 섞이지 않은 순수한 품종)을 얻으려면 종자(씨앗)를 선택한 뒤 여러 세대에 걸쳐 자신의 꽃가루를 자신의 암술머리에 붙이는 '자가 수분'을 해야 해요. 이렇게 얻은 순종 품종은 고유의 특성이 제대로 나타나지만, 병충해에 약한 경우가 많고, 꽃가루가 적다는 단점도 있어요.

순종과 순종을 교배시키면?

필요에 따라 서로 다른 두 순종의 품종을 **교배**시키기도 해요. 이때는 어느 한쪽의 꽃가루로 다른 쪽을 수정시키는 '타가 수정'을 하지요. 이렇게 태어난 잡종 제1세대에서는 한 작물에 두 품종의 속성이 함께 나타나요. 이 작물이 마음에 든다면 계속 재배하면서 상업화하게 되지요. 이런 재배 방식은 농업뿐만 아니라 원예업에서 장미나 난초 같은 식물을 더 아름답게 개량할 때도 쓰이고 있어요.

한발 더 나아가다

유전자 변형 기술은 원하는 특성을 얻기 위해 특정 유전자를 직접 선택해 그 생물의 유전 정보인 게놈에 끼워 넣는 기술이에요. 예를 들어 토마토에 어떤 세균의 유전자를 이식하면, 그 토마토는 병에 걸리거나 벌레가 먹지 않게 된답니다. 품종을 고르는 단계에서 한발 더 나아간 기술이라고 할 수 있지요. 제약 업계에서는 인슐린을 만드는 데 적용하고 있고, 농업계에서도 사료용 곡물을 재배할 때 이미 활용하고 있어요. 유럽에서는 유전자 변형으로 생산된 작물을 반드시 표시하도록 규정하고 있어요. 유전자 변형으로 인한 문제가 혹시 생길지 모르니 소비자가 잘 알아보고 선택하라는 의미예요.

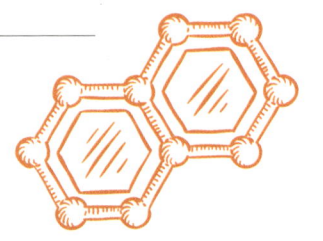

잡종 작물, 다 좋은 건 아니에요

보통의 작물은 그 씨앗으로 다시 같은 작물을 길러낼 수 있지만, **잡종 작물**은 쉽지 않아요. 잡종 작물의 씨앗에서는 싹이 잘 안 돋기도 하지만, 돋는다 하더라도 부모 세대의 모양이나 성질이 반드시 그대로 나타나지는 않거든요. 그래서 인위적인 교배로 만들어진 잡종 작물을 안정적으로 재배하기 위해서는 여러 세대에 걸친 연구가 필요해요. 게다가 옥수수나 콩, 파, 당근 같은 작물들은 세대를 거치면서 그 특성이 빠르게 변하기 때문에 원하는 결과를 얻기가 쉽지 않아요. 그래서 농부들은 매년 돈을 들여 잡종 제1세대의 씨앗을 새로 사야 한답니다.

자원을 이용하다

황금쌀

곡물 생산량은 늘려야 하는데

2050년이면 세계의 인구는 약 90억에 이를 것으로 예측되고 있어요. 이렇게 늘어난 인류를 먹여 살리려면 곡물의 생산량은 지금보다 늘어야 해요. 하지만 농사를 지을 수 있는 지구의 땅은 한계가 있지요. 그래서 농업에서는 품종 선별과 교배 등을 통해 생산량을 늘리기 위해 많은 노력을 기울였어요. 그 결과, 같은 면적의 땅에서 생산량을 두 배로 늘릴 수 있게 되었지요. 학계에서는 이에 그치지 않고 재배 속도를 높이기 위해 DNA 서열 분석까지 하고 있답니다. 하지만 이런 일들이 마냥 바람직하다고만은 할 수 없어요. 품종 선별과 교배 등을 하기 위해서는 먼저 순종 품종을 얻어야 하는데 이는 자가 수분, 즉 **근친 교배**(가족이나 친척 등 혈연이 가까운 것 사이의 교배)에 해당되어 유전병이 나타날 수도 있거든요.

황금쌀을 둘러싼 논쟁

지금 전 세계 인구 중 약 2억 5000만 명은 비타민A 부족으로 고통받고 있어요. 비타민A가 부족하면 실명 등의 문제가 생길 수 있고 심하면 목숨까지 잃을 수도 있답니다. 이 문제를 해결하기 위해 개발된 것이 '황금쌀'이에요. 황금쌀은 인체가 비타민A를 합성하는데 필요한 단백질을 함유하고 있거든요. 식품업계에서는 이 황금쌀을 사람들을 구하기 위해 사용해야 한다고 주장하지만, 유전자 변형 식품이라는 이유로 반대하는 사람이 많아요.

유전자 변형, 안전할까?

단기적으로 보았을 때 유전자 변형 작물이 인간에게 미치는 위험성은 아직 증명된 것이 없어요. 하지만 장기적인 위험성이나 생태계에 끼치는 영향 등에 대해서는 아직 생각할 것이 많답니다. 그러니 안정성이 증명되기 전까지는 위험하다는 생각을 가지고 있어야 한다는 '사전 예방 원칙'에 따라 주의를 하는 것이 좋겠어요.

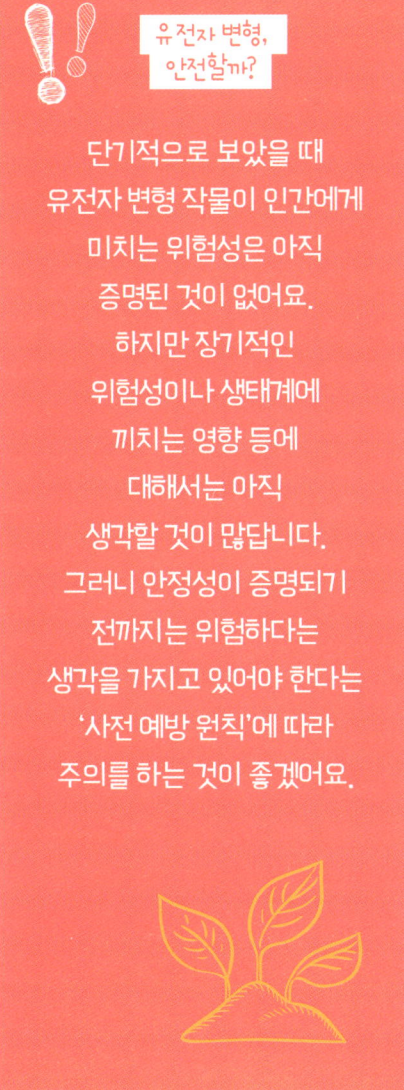

연구실에서 재배 중인 유전자 변형 옥수수

에너지를 절약하는 **공간 설계**

집을 잘 지으면 에너지를 절약할 수 있다?

설계 단계에서부터 건축의 여러 요소들을 잘 활용하면 **에너지를 절약**할 수 있는 건물을 지을 수 있어요. 예를 들어 거실을 남향으로 하면 햇볕이 잘 들어 조명과 난방에 필요한 에너지를 줄일 수 있지요. 침실은 북향으로 하는 것이 쾌적한 숙면에 도움이 된답니다. 건축 자재는 열의 이동과 에너지 손실을 최소화할 수 있는 단열 소재로 선택하는 것이 좋아요. 그러면 겨울에는 따뜻하게, 여름에는 시원하게 지낼 수 있으니까요. 적절한 곳에 식물을 두면 습도 조절에도 도움이 되고 아늑한 그늘도 즐길 수 있겠죠?

오스트레일리아 시드니 아파트에 조성된 옥상 정원

옥상을 활용하자!

지붕에 식물을 심으면 보온 효과와 방수 효과를 동시에 얻을 수 있어요. 그래서 선사 시대부터 많이 활용되던 방법이지요. 현대 사회에서는 **옥상 정원**의 역할이 더 중요해지고 있답니다. 다른 지역보다 도심지의 온도가 높게 나타나는 '열섬 현상'을 줄여 주기도 하고, 빗물을 재활용할 수 있도록 저장해 두는 장소로도 활용되고 있거든요. 식물이 사는 녹지의 면적이 늘어나면서 곤충과 새가 살 수 있는 공간도 늘어나지요. 따라서 도시에 다양한 생물들이 살 수 있도록 도와주는 역할도 해요.

일본 후쿠오카의 계단식 수직 정원

벽에도 식물을!

건물의 외벽에도 식물을 심어 **수직 정원**을 가꿀 수 있어요! 수직 정원은 보기에도 아름답지만 매우 실용적이기도 해요. 여름에는 태양의 복사열을 흡수해 주변의 온도를 낮추고, 겨울에는 습도를 조절해 주거든요. 또 공기를 정화해 주고 도시의 소음을 일부 흡수하는 기능도 한답니다. 게다가 허브 같은 식용 식물을 심으면 먹을 수도 있겠지요.

자원을 이용하다

위로 자라는 도시

오늘날의 도시들은 수평으로 넓어지는 대신 수직으로 높아지고 있어요. 땅은 한정되어 있는데 주변의 농경지를 자꾸 희생시킬 수는 없으니까요. 이미 지어진 건물에 층을 더 올리거나 옥상에 옥탑방을 짓는 식으로 건물을 위로 높여 가는 거예요.

자동차 이용 시간을 줄여 보아요

제2차 세계 대전 이후 도시의 인구가 폭발적으로 증가했어요. 그 결과 도시가 넓어지면서 자동차를 많이 이용하게 되었어요. 하지만 지금은 환경 보호와 시민의 삶의 질 향상을 위해서 **자동차를 이용하는 시간을 줄이려는 추세**랍니다. 도시에서도 이를 위해 많은 노력을 기울이고 있지요. 버스나 지하철 등의 대중교통 운행 횟수를 늘리고, 버스 전용 차로를 만들기도 하고, 대중교통 환승을 쉽게 만드는 등 시민들이 대중교통을 많이 이용하도록 유도하고 있거든요. 안전한 자전거 도로, 보행로 등을 확보하기 위한 노력도 게을리하지 않고 있답니다.

2016년 완공된 프랑스 브레스트의 도시 케이블카

케이블카를 대중교통 수단으로

프랑스에서는 2015년부터 관련 법이 개정되어 **도시 케이블카** 사업이 허용되었어요. 높은 하늘에서 풍경을 내려다보며 이동할 수 있는 케이블카가 도시를 위한 대중교통 수단이 된 것이지요. 2016년 말 브레스트에서 60명을 수용할 수 있는 두 대의 케이블카가 처음으로 운행을 시작했답니다. 승차감이 좋고 비용까지 저렴해 승객에게 큰 인기를 얻고 있지요. 게다가 승객 한 명으로 계산해 보면 자동차에 비해 훨씬 적은 양의 이산화탄소를 배출해 환경에도 큰 도움이 되고 있고요.

높이, 더 높이!

사우디아라비아에서는 2013년부터 **제다 타워**가 건설되고 있어요. 완공되면 높이가 무려 1킬로미터가 넘는 세계 최고층 빌딩이 될 거예요. 이런 초고층 빌딩들은 좁은 면적의 땅에 많은 사람들을 수용할 수 있다는 장점이 있어요. 하지만 짓는 게 쉽지는 않답니다. 크레인 등의 장비를 잘 다루어야 하고, 바람에 의해 건물이 흔들리지 않도록 제어해야 하고, 건물의 하중을 견딜 수 있도록 기초 공사를 탄탄하게 해야 하는 등 기술적인 문제들이 엄청나거든요. 게다가 이런 초고층 빌딩들에서는 엘리베이터도 문제가 될 수 있어요. 탑승자의 안전과 건강 때문에 엘리베이터 속도에는 한계가 있거든요. 어쩌면 엘리베이터가 너무 느려서 건물과 건물 사이를 잇는 공중 도로가 등장할지도 모르겠어요.

재미있는 분자 이야기

거울에 비친 분자?

두 분자가 같은 성분의 원소를 가졌고, 같은 결합 방식을 가지고 있으나, 마치 그 구조가 서로 거울에 비친 것처럼 대칭을 이루고 있을 때 **카이랄성**을 띈다고 말해요. (마치 미술의 데칼코마니처럼요!) 이런 카이랄 분자들은 신발의 오른쪽과 왼쪽처럼 서로 포개질 수 없어요. 같은 원소를 가졌으나 서로 다른 기능을 가질 수도 있지요. 예를 들어 탄화수소의 일종인 '리모넨'은 형태에 따라 하나는 레몬 향이 나고 다른 하나는 오렌지 향이 난답니다.

금속과 금속을 섞으면?

금속과 금속, 또는 금속과 비금속을 녹이고 섞어서 새로운 성질의 금속을 만드는 일을 **합금**이라고 해요. 필요에 따라 여러 차례의 합금 과정을 거쳐 원하는 성질을 가진 새로운 금속을 만들어 낼 수도 있답니다. 예를 들어 철과 탄소를 합금하면 더 단단한 철을 얻을 수 있지요. 이때 탄소를 2퍼센트 미만으로 첨가하면 강철이 되고, 그 이상으로 첨가하면 주철이 만들어져요. 이렇게 만들어진 강철에 니켈이나 크롬, 망간 등의 재료를 첨가하면 전기 도금 등의 작업에 활용할 수 있어요.

압력과 끓는점

액체의 끓는점은 주변의 압력에 따라 달라져요. 압력이 낮을수록 끓는점도 낮아지고 압력이 높아지면 끓는점도 높아지지요. 예를 들어 기압이 낮은 에베레스트산 정상에서는 물이 섭씨 72도에서 끓어요. 하지만 압력이 높은 해저에서 솟구치는 온천수는 섭씨 300도가 넘어도 끓지 않고 액체 상태를 유지한답니다.

녹는점은 왜 다를까?

버터와 식용유는 둘 다 지방이 주성분이지만, 버터는 상온일 때 고체인 반면 식용유는 액체예요. 왜 이런 차이가 생길까요? 서로 **녹는점**이 다르기 때문이랍니다. 식물성 기름은 불포화 지방이라 녹는점이 아주 낮아요. 상온에서도 이미 녹아 액체로 존재하는 것이지요. 반면 버터 등의 포화 지방을 액체로 만들기 위해서는 더 많은 에너지가 필요하답니다. 녹는점이 상대적으로 높다는 뜻이지요. 그래서 상온에서 고체 상태예요. 이러한 현상은 다른 물질에서도 마찬가지인데, 예를 들어 알루미늄과 수은은 둘 다 금속이지만 알루미늄은 상온에서 고체 상태를 유지하고 수은은 액체로 존재하지요.

산도에 따라 색이 변한다고?

산도(pH)란 용액이 가지고 있는 산의 세기를 말해요. 보통 0~14까지의 숫자로 나타내는데 산도가 7보다 작으면 산성, 7보다 크면 염기성으로 분류하지요. 산도를 결정하는 것은 수소 이온이랍니다. 즉, 수소 이온의 농도에 따라 산성이냐 알칼리성이냐가 결정되는 거예요. 수국은 흙의 산도에 따라 붉은색부터 푸른색까지 다양한 색의 꽃을 피울 수 있어요. 중성이나 알칼리성 흙에 심으면 붉은색 꽃이 피고, 부식토 같은 산성 흙에 심으면 푸른색 꽃이 피지요. 수소 이온이 식물의 색을 결정하는 분자와 반응해 그 구조를 바꾸고, 그 결과 식물이 빛을 흡수하는 방식이 바뀌면서 색이 변하는 거예요.

붉은 수국

자원을 이용하다

불꽃놀이의 비밀

밤하늘을 화려하게 수놓는 **불꽃놀이**는 화학 반응을 이용해서 만든 현상이에요. 화약이 빠르게, 완전히 타 버리면서 동시에 가스만 발생하도록 처리한 것이지요. 폭죽 내부 구조는 발사에 필요한 추진력을 얻을 수 있되, 원하는 높이에서 폭발이 시작되도록 계산해서 설계된답니다. 물질들은 탈 때 각각 고유의 빛깔을 내는데, 이를 이용해서 불꽃의 다양한 색깔을 만들 수 있어요. 흰색은 마그네슘, 주황색은 칼슘, 붉은색은 리튬, 노란색은 나트륨, 청록색은 구리를 쓰면 되지요.

불꽃놀이에서 볼 수 있는 다양한 색은 금속 원소를 이용한 것이다.

팔방미인 리튬

리튬은 매우 가벼운 금속 원소인데, 그 쓰임새가 아주 다양해요. 이온 형태의 리튬은 컴퓨터나 휴대전화 같은 전자기기의 배터리에 사용돼요. 리튬 전지는 작은 부피에 많은 에너지를 저장할 수 있다는 장점이 있답니다. 리튬을 다른 이온과 결합시키면 약물의 성분으로도 쓸 수 있어요. 정신과에서 양극성 장애를 치료할 때 쓰이는 탄산리튬이 대표적이지요. 세라믹이나 글라스 세라믹 같은 치과용 보철물 재료를 만들 때도 리튬이 필요해요.

휴대전화 배터리 같은 일부 전지에는 리튬이 들어 있다.

세균과의 전쟁

페니실린의 발견

다른 미생물이나 생물 세포를 선택적으로 억제하거나 죽일 수 있는 항생제는 1928년 영국의 과학자 알렉산더 플레밍이 처음 발견했어요. 다양한 질병의 원인이 되는 황색포도상구균이라는 세균을 배양하는 실험을 하다가 휴가를 다녀왔더니, 글쎄 배양 접시에 생긴 어떤 곰팡이가 세균의 증식을 막고 있었던 거예요. 플레밍은 '페니실리움 노타툼'이라는 이름의 그 곰팡이가 세균을 죽이는 항균 물질을 분비한다는 결론을 내렸어요. 그리고 그 물질에 **페니실린**이라는 이름을 붙였지요. 플레밍은 이 발견으로 노벨 생리의학상을 수상했답니다.

플레밍의 경고

1960년대까지는 **항생제** 연구의 황금기로, 의학 분야를 크게 발전시켰지요. 항생제를 이용해 세균을 죽임으로써 치명적인 여러 질병들을 간단히 치료할 수 있게 되었으니까요. 하지만 플레밍은 항생제의 발견으로 들떠 있던 의학계에 경고의 메시지를 보냈답니다. 항생제를 올바르게 사용하지 않으면, 세균들이 항생제에 대항하는 내성이 생겨 오히려 더 위험해질 수도 있거든요.

페니실린을 발견한 알렉산더 플레밍

항생제의 종류

항생제는 **치료 가능한 세균의 수**에 따라 '광범위 항생제'와 '협범위 항생제'로 구분할 수 있어요. 광범위 항생제는 치료할 수 있는 세균의 수가 많은 대신 효과는 조금 떨어져요. 또, 범위가 넓다 보니 장이나 피부, 비뇨기, 생식기 등 우리 몸속에 사는 세균도 일부 파괴될 수 있으니 사용에 주의를 해야 해요. 협범위 항생제는 적은 세균을 상대하는 대신 치료 효과가 좋답니다.

다양한 공격 방법

항생제는 다양한 방법으로 세균을 제거할 수 있어요. 세균의 세포막을 공격하기도 하고 세균의 DNA를 공격하거나 세균의 단백질 합성을 막기도 해요. 이렇게 항생제가 세균만 공격할 수 있는 이유는 세균의 세포 구조가 사람과 다르기 때문이에요. 하지만 세균이 아닌 사람의 세포 안에 침투한 바이러스는 항생제로 치료할 수 없어요.

내성을 유전자로 전달한다고?

특정 항생제를 너무 많이 사용하다 보면, 그 항생제를 이겨내고 **내성**이 생긴 세균이 살아남는 경우도 있어요. 내성을 갖춘 세균은 그 유전자를 다른 세균에게도 전달할 수 있지요.

자원을 이용하다

기적의 페니실린

제2차 세계 대전 당시 수많은 군인들이 부상을 당했어요. 다행히 페니실린을 대량으로 생산할 수 있게 되면서 이 부상병들의 치료에 큰 도움이 되었어요. 1942년 미국에서 생산된 페니실린의 양이 약 4억 회 분량이었는데, 전쟁이 끝날 무렵에는 그 생산량이 무려 한 달에 약 6500억 회 분량이나 되었답니다!

새로운 치료법

항생제를 지나치게 많이 사용하는 바람에 내성을 가진 독한 세균들이 자꾸만 생겨나고 있어요. 그래서 학자들은 **항생제의 도움 없이** 세균성 감염으로 일어나는 질병들을 치료하기 위한 방법을 계속 연구해 왔답니다. 그 결과 백신 접종으로 병을 예방하는 방법, 감염의 원인균을 없애기 위해 항체를 직접 투여하는 면역 요법 등이 개발되었지요. 세균에 기생하는 박테리오파지 바이러스를 이용한 파지 요법, 우리 몸에 유익한 세균을 공급해 몸속의 미생물 환경을 강화시키는 프로바이오틱스 요법도 있어요. 병원에서는 항균성이 있는 구리를 적극 활용하기도 한답니다. 세균 번식이 쉬운 문의 손잡이나 계단 난간 등에 구리를 사용하는 것이지요.

의학계의 고민

항생제에 내성이 생긴 세균은 자꾸 늘어 가는데, 이를 해결할 방법은 아직 찾지 못했다는 것이 오늘날 **의료계의 고민** 중 하나랍니다. 게다가 병원 안에서 감염되는 경우가 늘고 있는 것도 문제예요. 병원은 가장 깨끗해야 할 장소이지만, 여러 질병과 상처 입은 환자들이 모여 있다 보니 가장 더러운 곳이기도 해요. 내성을 가진 세균이 가장 많이 만들어지는 곳도, 세균이 몸속에 침입할 가능성이 가장 큰 곳도 병원인 셈이에요.

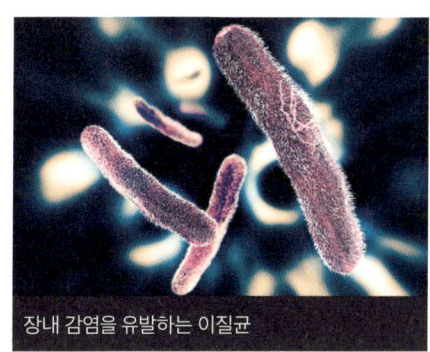

장내 감염을 유발하는 이질균

내성균의 위협

2014년 **세계보건기구**는 항생제의 내성에 관한 최초의 보고서를 발표했어요. 유럽과 미국에서만 해마다 5만 명이 넘는 사람들이 내성이 생긴 균 때문에 목숨을 잃고 있다는 내용이었지요. 더욱 충격적인 것은 이것이 겨우 7종의 내성균을 관찰한 결과였다는 거예요! 이 보고서에서는 2050년까지 해결책을 찾지 못하면 매년 1000만 명이 내성균으로 사망할 것이라고 경고하고 있답니다.

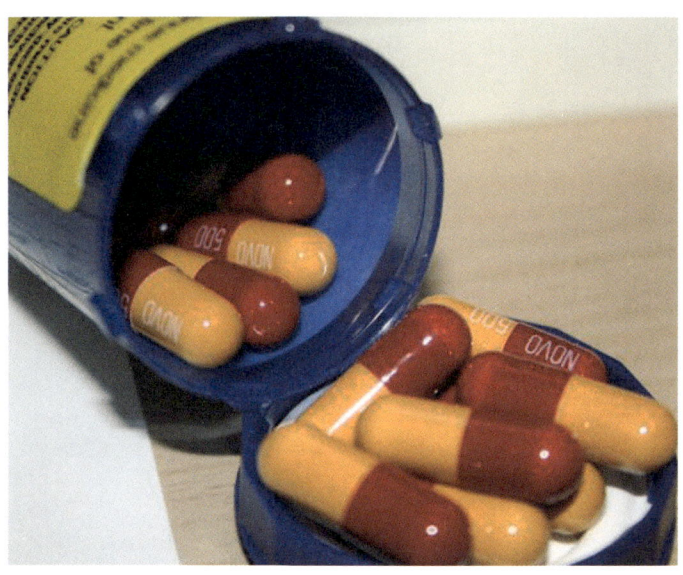

우리의 과제 : **쓰레기**를 처리하라!

지구 주위를 떠다니는 우주 쓰레기 (2013년)

수명을 다한 위성을 위한 궤도

지구의 주위를 따라 일정한 궤도를 돌도록 만들어진 인공위성은 수명을 다해 멈춘 뒤에도 오랫동안 그 궤도에 그대로 남아 있답니다. 이런 **폐위성**들이 늘어나면 새로 쏘아 올린 위성들과 충돌할 위험이 높아져요. 그래서 얼마 전부터는 이런 폐위성들을 따로 처리하고 있어요. 수명이 다해 가는 위성들의 마지막 남은 연료를 사용해 지구에서 멀리 떨어진 '폐기 궤도'로 보내는 것이지요.

퇴비로 일석이조의 효과를

퇴비는 짚이나 잡초, 낙엽, 과일 껍질, 재 등의 버려지는 유기물을 습한 곳에 모아 썩혀서 만든 천연 비료예요. 썩어서 분해된 유기물들은 땅에 영양을 가득 넣어 주거든요. 시골의 농가에서는 오래전부터 퇴비를 이용해 농사를 지어 왔지요. 최근 도시에서도 가정용 퇴비 제조기를 이용해 정원이나 텃밭을 가꾸는 사람들이 늘어나고 있답니다. 음식물 쓰레기를 이용해 간단하게 만들 수 있으니 음식물 쓰레기도 줄이고 화학 비료의 사용도 줄일 수 있는 일석이조의 효과가 있거든요.

우주에 쓰레기가?

현재 지구의 주위에는 1만 5000개가 넘는 우주 쓰레기들이 떠다니고 있어요. 유럽에서는 이 문제를 해결하기 위해 다양한 계획을 세우고 있어요. 따로 궤도를 마련해 우주 쓰레기들을 그곳으로 보내거나, 혹은 지구의 대기권으로 끌어 들이는 방법이에요. 우주 쓰레기가 유성처럼 대기와의 마찰에 의해 타서 사라지도록 만들겠다는 것이지요.

바다 밑바닥에 쌓인 플라스틱 폐기물

비극의 섬

바다에 버려진 쓰레기는 해류와 바람에 의해 한곳에 뭉치게 되는데, 태평양에는 이렇게 만들어진 **쓰레기 섬**이 있어요. 2018년 집계에 의하면 이 섬의 플라스틱 쓰레기는 약 1조 8000억 개이고, 무게는 약 8만 톤이에요. 그중 가장 많은 것은 5밀리미터가 채 안 되는 미세 플라스틱 조각들인데, 해양 생물들이 먹이인 줄 알고 삼키는 바람에 문제가 되고 있어요.

자원을 이용하다

재활용 센터를 이용해 보아요

재활용 센터를 알고 있나요? 이곳에는 망가져서 버려야 하는 물건도 있고, 조금만 손을 보면 재활용이 가능한 물건들도 있어요. 폐기할 물건은 재활용 센터와 거래하는 쓰레기 처리장으로 보내지고, 재활용된 물건들은 판매해서 환경 교육이나 재활용과 관련된 일자리를 만드는 사업 등에 유용하게 사용한답니다.

분리수거가 중요해요!

쓰레기를 재활용하기 위해서는 **분리수거** 작업이 필요한데, 최근에는 자동 장치를 이용하기도 해요. 먼저 분리 선별기가 종이나 비닐 같은 납작한 쓰레기들을 걸러내요. 그다음엔 자석이 달린 선별기가 철로 된 것들을 골라내지요. 소용돌이 모양으로 전류가 흐르는 와전류 선별기는 알루미늄 같은 비철 금속들을 분리합니다. 그러고 나면 주로 플라스틱 포장재 같은 것들만 남는데, 이것들을 크기와 무게, 소재에 따라 분류하면 작업이 끝나지요. 이런 자동 선별은 몹시 효율적이지만 비용이 많이 들기 때문에 대부분의 작업은 아직도 사람의 손을 통해 이루어지고 있으니, 가정에서부터 분리수거를 잘하는 게 중요해요.

폐기물의 부활, 업사이클링!

업사이클링은 폐기물을 이용해 새로운 것을 만드는 활동을 말해요. 예를 들어 폐타이어를 활용해서 운동장에 까는 인조 잔디를 만드는 것 같은 일이지요. 폐기물들을 소각해서 에너지를 얻는 일도 어떻게 보면 업사이클링으로 볼 수 있어요. 하지만 소각 과정에서 유해 물질이 많이 나오기 때문에 친환경적이지는 않아요.

재활용도 재미있게!

재활용 자판기를 본 적이 있나요? 생긴 것은 음료수를 파는 일반 자판기와 비슷해요. 하지만 작동은 정반대랍니다. 돈을 넣는 대신 재활용이 가능한 종이컵이나 생수병, 캔 같은 것을 집어넣어요. 그러면 할인이나 포인트 적립 혹은 환경 단체에 기부금을 내는 등의 혜택을 받을 수 있지요. 쉽고 재미있는 방법으로 환경 보호도 할 수 있고 기부도 할 수 있다니 정말 괜찮은 방법이지요?

미국 버지니아주 리치먼드에 위치한 알루미늄 재활용 센터

우리 곁의 **유기농**

재배 중인 밀의 상태를 살피는 농학자

우주의 기운을 따르는 생명 역동 농법

생명 역동 농법은 화학 비료나 농약을 쓰지 않고 천적이나 천연 퇴비 등을 이용해 농사를 짓는 유기농법의 일종이에요. 생명 역동 농법과 유기농법 둘 다 자연을 존중하는 생산 방식이지만 개념이 약간 다르답니다. 생명 역동 농법에서는 농사를 우주의 기운을 인간에게 전달하는 수단으로 보고, 우주의 순리에 따르며, 땅과 작물의 생명력을 존중하지요. 그래서 달의 주기 같은 자연과 우주의 리듬에 맞추어 퇴비를 만드는 모습이 마치 종교 의식처럼 보이기도 해요. 최근에는 포도 농사를 짓는 사람들 사이에서 화학 비료나 성장 촉진제를 사용하는 농법을 대신할 방법으로 관심을 끌면서 다시 주목받고 있답니다. 생명 역동 농법의 방식은 옛날 우리 조상들이 짓던 농사와 비슷한 결과를 거두지만, 과학적인 근거가 부족해 사이비 취급을 받기도 하지요.

유기농 인증을 받으려면

우리나라에는 국립농산물품질관리원에서 관리하는 **친환경 농산물 인증제도**가 있어요.  정부가 지정한 전문 기관이 엄격하게 심사하여 환경을 보전하고 소비자에게 안전한 농산물을 공급하기 위해 농약과 화학 물질을 전혀 사용하지 않거나, 최소한만을 사용한 제품임을 인증하는 제도예요. 합성 농약과 화학 비료를 전혀 사용하지 않고 재배한 '유기농산물'과 합성 농약을 전혀 사용하지 않았으나 화학 비료는 권장량의 3분의 1 이하로 사용한 '무농약농산물' 두 가지로 나뉩니다.

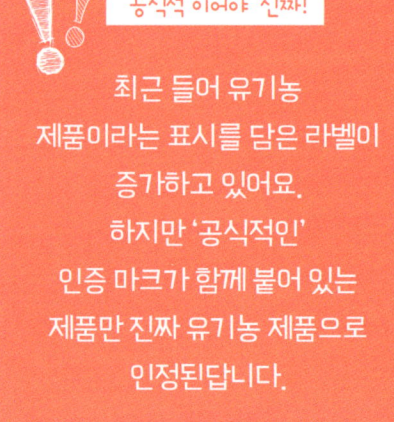

'공식적'이어야 진짜!

최근 들어 유기농 제품이라는 표시를 담은 라벨이 증가하고 있어요. 하지만 '공식적인' 인증 마크가 함께 붙어 있는 제품만 진짜 유기농 제품으로 인정된답니다.

자원을 이용하다

유기농이 정말 더 좋을까?

유기농 제품과 일반 제품의 영양을 비교한 연구들은 그 결과가 제각각이에요. 연구에 사용된 분석 방법에 따라 결과가 달라지기도 하고 연구에 관계된 사람들의 입장에도 큰 영향을 끼치기 때문이지요. 하지만 2014년 학자들은 343건의 연구 결과를 종합해서 결론을 내렸어요. 유기농 제품은 일반 제품에 비해 **비타민, 오메가3, 항산화 물질 등 건강에 유익한 성분**이 더 많다고 해요. 중금속이나 살충제처럼 해로운 성분은 적게 함유하고 있는 것으로 확인되었답니다.

유기농이 되기 위한 시간

전 세계 많은 생산자들이 건강과 환경을 위해 유기농으로 생산 방법을 바꾸고 있어요. 하지만 유기농은 하루아침에 이루어지지는 않는답니다. 우리나라의 경우 유기농 인증을 받으려면 생산자가 친환경 농업에 관한 교육을 받아야 하고, 작물을 재배할 땅과 물의 질을 높여야 하며, 2~3년에 걸쳐 농약과 화학 비료를 전혀 쓰지 않아야 하거든요.

더 엄격하게!

현재 **유럽의 유기농 인증**은 그 기준이 너무 느슨하다는 비판을 받고 있어요. 그래서 프랑스에서는 더 엄격한 기준을 적용하는 인증 마크들도 생겨났어요. 유전자 변형 원료나 팜유, 유기농과 비유기농을 섞어 기른 작물, 온실에서 재배한 작물 등의 사용을 완전히 금지하는 등의 조건을 내세웠지요. 게다가 생산 조건도 더 까다로워졌어요. 아이들의 노동으로 생산된 제품은 아닌지, 동물의 복지를 고려하였는지, 포장재를 남용하지는 않았는지, 생산자에게 공정한 대가가 돌아가는지, 기업화된 대규모의 농장 대신 '인간적인' 규모의 농장에서 생산되었는지 등도 따져 보고 있거든요.

소비자와 가까워진 유기농, 하지만

유기농 제품은 초기에는 소규모의 전문 매장에서만 판매되었어요. 하지만 이제는 대형 마트나 편의점에서도 많이 볼 수 있지요. 판매하는 곳이 늘고 가격도 저렴해지면서 소비자들이 유기농 제품을 좀 더 쉽게 이용할 수 있게 된 거예요. 하지만 불편한 시선도 존재한답니다. 환경을 생각하는 제품이니만큼, 멀리 있는 도시의 마트에 가서 팔기보다는 가까운 마을 장터에서 팔아야 자동차 이동으로 인한 탄소를 줄일 수 있으니까요. 또 먼 거리를 이동하는 동안 신선도가 떨어지지 않으려면 첨가물도 사용해야 하고, 사람들이 어두운 새벽에도 빠르게 일을 해야 하니 노동의 질이 떨어질 수도 있거든요. 유기농 기업들이 이러한 소신을 지켜 주면 참 좋겠지만, 이윤을 추구해야 하니 쉬운 일은 아닐 거예요.

미래의 에너지는?

에너지는 전환 중

한 나라에서 사용되는 여러 에너지원을 합쳐서 **에너지 믹스**라고 해요. 현재 세계는 쉽게 구할 수 있으면서도 이산화탄소를 거의 배출하지 않는 '재생 에너지(태양이나 바람을 이용한 친환경 에너지)'로 에너지원을 바꾸어 가고 있는 중이에요. 경제적인 문제와 생태학적인 문제를 모두 고려한 것이지요. 하지만 이러한 에너지원 전환이 성공할 수 있느냐 없느냐는 그 에너지원을 어떻게 사용하느냐에 달려 있어요. 즉, 아무리 재생 에너지라고 해도 자연 환경을 해치는 수준으로 낭비해서는 안 된다는 뜻이에요.

폐기물로 에너지를

바이오매스는 재생 에너지로 쓸 수 있는 동물성 혹은 식물성 유기물을 뜻해요. 예를 들면 브라질에서는 사탕수수에서 알코올을 추출하여 자동차 연료로 사용하는 연구에 성공했답니다. 자연에서도 얻을 수 있고 가정이나 농가, 산업체에서 나오는 폐기물에서도 얻을 수 있지요. 바이오매스를 에너지원으로 활용하게 되면 폐기물의 양과 온실가스의 배출량을 동시에 줄일 수 있어요.

새로운 에너지들의 등장

석탄, 석유 등의 화석 연료는 온실가스를 발생시키는 주범이에요. 그래서 화석 연료의 사용을 줄이기 위해 **바이오 연료**를 개발하게 되었지요. 제일 먼저 개발된 제1세대 바이오 연료는 유채, 콩, 팜 등의 작물을 이용했는데 원료를 생산하는 데 너무 많은 땅이 필요하다는 단점이 있었어요. 이후 개발된 제2세대는 짚, 줄기, 껍질 등의 농업 폐기물을 활용했고 제3세대는 미생물을 활용해 에너지를 만들었답니다.

태양은 영원히

태양 에너지는 지구의 다른 자원들과 달리 바닥나지 않는다는 장점이 있지요. 이 태양 에너지를 이용한 대표적인 기술이 '태양열 발전'과 '태양광 발전'이에요. 태양열 발전은 반사경으로 태양열을 한곳에 모아 열을 얻고, 그 열로 물을 끓여 전기를 일으키는 방식이에요. 태양광 발전은 햇빛을 흡수해 전기 에너지로 변환하는 방식이지요. 태양열 온수기나 태양열 온돌처럼 태양열을 저장해 두었다가 바로 사용할 수 있게 해 주는 장치도 있답니다.

스페인의 태양광 발전 패널

자원을 이용하다

플러스 에너지 도시

'마스다르 시티'는 아랍에미리트에서 2030년 완공을 목표로 건설 중인 도시예요. 사막 한가운데 있는 6제곱킬로미터의 땅에 지어지는 이 도시에는 약 5만 2000명이 거주할 예정이랍니다. 이 도시가 사람들의 관심을 끌고 있는 것은 소비하는 에너지보다 생산하는 에너지가 더 많은 최초의 '플러스 도시'로 건설되고 있기 때문이에요. 재생 에너지를 전문으로 하는 대학도 세워질 계획이고요.

에너지, 어떻게 저장하지?

최근 에너지 관련 문제에서 중요한 관심거리는 화석 연료를 대신할 **대안 에너지를 저장**할 방법을 찾는 것이에요. 에너지의 수요는 계속해서 늘어나고 있는데 석유나 석탄 같은 화석 에너지는 지리적 문제나 정치적 문제, 혹은 경제적인 문제 등에 따라 공급량의 변동이 크기 때문이지요. 바람의 힘을 이용한 풍력 발전이나 파도의 힘을 이용한 파력 발전 등은 따로 연료가 필요하지는 않지만 에너지 생산량이 일정하지 않고 저장해 두기도 어려워요. 유기물을 이용하는 바이오매스와 농작물 등을 통해 얻어지는 바이오 연료는 저장이 가능하지만, 현재는 열이나 전기 에너지 자체를 효율적으로 저장할 수 있는 방법을 찾는 것이 더 중요한 과제로 꼽히고 있어요.

사하라 사막에서 깨끗한 에너지를!

최근 북아프리카에서는 **사막에 태양열 발전소**를 건설하는 사업이 진행되고 있어요. '데저텍(Desertec) 프로젝트'나 '트랜스그린(Transgreen) 프로젝트'가 대표적이지요. 이 사업에는 수천억 원이나 되는 엄청난 비용이 투자되고 있답니다. 성공만 한다면 환경을 오염시키지 않는 '깨끗한' 에너지를 공급하는 역할을 할 수 있을 거예요!

낭비는 줄이고 생산성은 높이고!

열병합 발전이란 에너지를 생산할 때 운동 에너지와 열에너지를 동시에 활용하는 방식이에요. 예를 들어 발전소에서 나오는 증기로 터빈을 돌려 전기를 생산하고, 터빈을 돌릴 때 발생하는 열을 난방에도 사용하는 거예요. 그 과정에서 터빈은 저절로 식기 때문에 냉각을 할 필요도 없지요. 낭비는 줄이고 생산성은 높이는 아주 알뜰한 기술이에요!

열병합 발전 기술 기반의 미국 공장

가장 가벼운 원자가 품은 큰 에너지

수소는 태워도 이산화탄소를 배출하지 않으면서 많은 에너지를 내는 친환경적인 연료예요. 그런데 문제는 약 95퍼센트의 수소가 화석 에너지를 통해 생산된다는 거예요. 수소를 생산하려면 많은 이산화탄소가 생긴다는 뜻이지요. 그래서 학자들은 화석 에너지 없이 수소를 만드는 방법을 연구 중이랍니다. 새로운 수소 제조 방법이 개발되면 수소 연료를 만드는 데 드는 비용도 지금보다 훨씬 줄어들겠지요. 단, 수소는 불이 쉽게 붙는 성질이 있기 때문에 편리하면서도 안전한 이동 방법과 보관 방법도 함께 고민해야 한답니다.

우주를 탐험하다

인간과 우주

아득히 먼 옛날부터 인간은 별이 총총한 밤하늘을 바라보았어요. 하늘을 통해 자신의 운명을 알고 싶었던 것이겠지요. 과학이 발달하면서부터는 하늘과 별의 움직임을 이해하기 위해서 노력했어요. 계절을 가늠하고 항해술을 발달시키기 위해서 꼭 필요했거든요. 하지만 그게 전부는 아니었답니다. 인간들이 이 광대한 우주에서 자신의 위치를 파악하고자 노력하는 것은 자기 자신에 대한 깨달음을 얻어가는 과정이기도 했으니까요. 우주를 연구하는 천체 물리학이나 빛을 탐구하는 분광학, 우주의 전파를 관측하는 전파 망원경 연구 같은 천문학 분야들은 인간의 이런 탐구심을 잘 보여 주고 있어요. 저 멀리 떨어진 은하와 별의 중심부에서 일어나는 일들까지 이해해 보려고 애쓰고 있으니까 말이에요. 우주를 탐구하려는 인간의 노력은 지금도 끝없이 계속되고 있답니다. 수많은 관찰과 연구 끝에 계속해서 새로운 이론을 등장시키고 있지요. 예를 들면 우리 우주와 비슷하지만 서로 소통할 수 없는 우주들이 무수히 존재한다고 생각하는 '다중 우주'에 대한 이론만 해도 한두 가지가 아니랍니다.

중심에서 주변으로

우주에 대한 지식이 늘어갈수록 인간은 우주의 변두리로 밀려나고 있어요. 지구는 우주의 중심이 아니었고, 심지어 태양조차도 우리 은하의 가장자리에 매달려 있는 처지라는 사실을 알게 되었으니까요. 어쩌면 우리가 살고 있는 이 우주도 다른 수많은 우주 중 하나일지도 몰라요! 지금 우리는 아주 난감한 상황에 놓여 있어요. 우주에 대해 알면 알수록 우주에 대해 모르는 것이 더 많다는 사실을 깨닫게 되기 때문이지요. 사실 인간은 이제 겨우 달까지 가 보았을 뿐이에요. 물론 그것도 엄청난 일인 것은 분명하지요. 하지만 우주 전체를 생각한다면 겨우 집 앞에서 몇 걸음 산책한 수준에 불과하잖아요.

외계 행성을 상상해서 그린 그림

달에서 본 태양계 (합성 사진)

그래도 인간은 끊임없이 나아가고 있답니다. 달의 다음 목적지인 화성에 관심을 쏟고 있고, 탐사선과 위성들은 끝없이 펼쳐진 우주 공간을 향해 계속 정찰을 떠나고 있지요. 우리는 이제 한 가지만큼은 분명하게 알고 있어요. 우주는 프랑스의 학자 블레즈 파스칼이 생각했던 것처럼 고요한 공간은 아니라는 사실 말이에요. 저 먼 우주의 어느 한구석에서 날아오는 가느다란 전파 한 가닥에도 우주와 우주의 역사에 관한 많은 이야기들이 담겨 있으니까요.

무궁무진한 우주의 비밀

플랑크 인공위성은 유럽 우주국(ESA)에서 운영하는 우주 망원경이에요. 이 위성이 수집한 데이터 덕분에 우주의 전체적인 윤곽을 파악할 수 있었지요. 하지만 여전히 우주에 대한 의문은 수없이 남아 있답니다. 그중 천문학자들이 가장 많이 관심을 가지고 있는 것은 우주의 탄생과 진화 과정이에요. 우주를 탄생시킨 거대한 폭발인 '빅뱅'의 초기에는 어떤 일들이 벌어졌을까? 빅뱅 이전에는 무엇이 있었지? 아니, '빅뱅 이전'이라는 시기가 정말로 있기는 했을까? 등등…… 사람들은 과학이 발달하면 우주의 비밀을 다 알아낼 수 있을 거라고 생각했어요. 하지만 우주를 알면 알수록 그것은 불가능에 가깝다는 것을 깨닫고 있지요. 천체물리학자들에 의하면 우리는 우주를 이루고 있는 물질 가운데 극히 일부에 대해서만 알아냈을 뿐이에요. 눈으로 볼 수 있거나 기계 장치 등을 이용해 탐지라도 할 수 있는 물질들 말이에요. 게다가 그런 우주 물질들은 우주의 전체 질량과 에너지에 비하면 극히 일부분에 불과해요. 우주가 빙산이라고 치면 우리는 물 아래에 잠긴 거대한 본체는 보지 못하고 겨우 물 위로 드러난 일부분만 보고 있는 셈이지요. 사실 우리는 우주 전체에 대해서는 물론이고 우리와 가까운 우주 상황에 대해서도 아는 것이 많지 않아요. 심지어 지구가 속해 있는 우리 은하의 중심부에 관해서조차 제대로 알지 못하고 있답니다. 우리 은하의 중심에 태양 질량의 약 400만 배에 달하는 거대한 질량의 블랙홀 궁수자리 A*가 있다고는 하는데, 우리는 아직 그 그림자도 보지 못했거든요. 그러니 우주의 시공간을 탐험하고자 하는 사람들이 마주치게 될 수수께끼는 무궁무진하겠지요. 우주 공간으로 직접 탐사를 떠나든, 지구에서 연구를 통해 간접적으로 우주의 비밀을 파헤치든 말이에요.

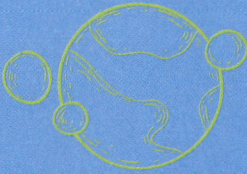

빅뱅: 태초의 폭발!

우주의 기원

우주의 기원을 설명하는 신화들은 아주 많아요. 그중 기독교에서는 성경의 창세기에서 신이 우주를 창조했다고 설명한 내용을 믿어 왔지요. 그런데 아이작 뉴턴과 같은 고전적인 과학자들의 생각은 달랐어요. 우주가 하나의 '거대한 시계'처럼 작동한다고 보았거든요. 그렇다면 그 시계에는 태엽 장치 같은 것이 있을까요? 있다면 언제 어떻게 돌아가기 시작했을까요?

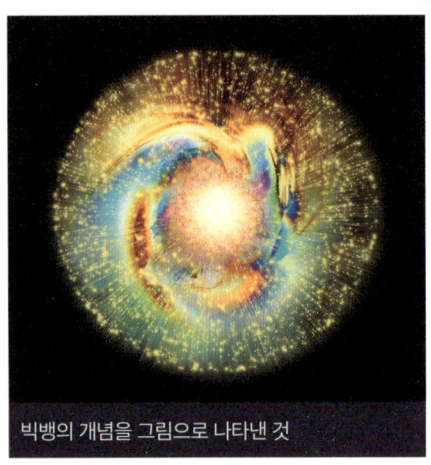

빅뱅의 개념을 그림으로 나타낸 것

우주, 새롭게 보기

오랫동안 우주는 변하지 않는 존재로 여겨졌어요. 그런데 20세기에 가톨릭 신부이자 천문학자였던 벨기에의 **조르주 르메트르**가 처음으로 의문을 품었어요. 아인슈타인의 방정식에 의하면 우주는 시간이 지날수록 점점 더 팽창하고 있었거든요! 반대로 말하면 우주는 과거로 가면 갈수록 수축하고, 결국에는 하나의 점으로 모이는 셈이니, 우주는 작은 점에서 발생한 대폭발로 만들어졌다는 거예요. 르메트르는 1927년에 이런 내용을 발표했으나 당시에는 무시를 당했어요.

관찰에 의한 증거

르메트르의 논문이 발표된 지 2년 뒤, 1929년 미국의 천문학자 에드윈 허블이 우주의 팽창을 관찰을 통해 증명해 냈어요! 허블은 윌슨산 천문대에 있는 후커 망원경으로 멀리 있는 별들을 관찰하던 중에 특이한 현상을 발견했어요. 은하들이 모두 '적색편이'를 보였던 것이에요. 적색편이는 물체가 내는 빛의 파장이 길게 늘어나 보이는 현상이에요. 은하들이 일제히 지구로부터 점차 멀어지는 움직임 때문에 빛이 늘어나 보였던 거예요. 게다가 허블은 지구에서 멀리 있는 별일수록 더 빨리 멀어지고 있다는 것도 관찰했어요. 이를 두고 '허블의 법칙'이라고 한답니다.

비웃음에서 탄생한 이름

조르주 르메트르가 주장한 우주의 팽창과 대폭발에 대한 이론은 처음에는 따로 이름이 없었어요. 그런데 1949년 영국의 천문학자 프레드 호일이 BBC 라디오 방송에서 르메트르를 비웃으며, "그의 말대로라면 우주가 갑자기 '쾅(Big Bang)!' 하고 터지면서 생겨났다는 것이냐"고 조롱했지요. 이것이 화제가 되면서 르메트르의 이론은 '빅뱅 이론'이라고 불리게 되었어요.

렌즈의 지름이 2.54미터에 이르는 미국 윌슨산 천문대의 후커 망원경

우주를 탐험하다

우주가 움직이고 있다고?

아인슈타인은 1916년에 시간과 공간이 중력에 의해 영향을 받아 휘어진다는 **일반 상대성 이론 방정식**을 내놓았어요. 당시 아인슈타인은 우주가 움직임이 없는 정적인 상태라고 생각하고 있었지요. 그런데 문제는, 자신이 만든 일반 상대성 이론 방정식에 의하면 우주가 움직이기도 하고 휘어지기도 하는 동적인 상태라는 것이었어요! 그래서 아인슈타인은 자신이 생각한 우주의 모습에 맞추기 위해 '우주 상수'라는 원리를 방정식에 도입했어요. 그런데 정작 이 우주 상수를 이용해 아인슈타인의 방정식을 풀면 우주가 팽창한다는 사실을 설명할 수 있음을 처음 발견한 사람은 러시아의 수학자이자 물리학자였던 알렉산드르 프리드만이었답니다. 프리드만은 이런 내용을 담은 논문을 1922년에 발표했지요.

말을 바꾼 아인슈타인

1927년 르메트르는 물리학회에서 **아인슈타인**을 만나 자신의 빅뱅 이론에 관해 의견을 물었어요. 이에 아인슈타인은 "계산은 잘하지만 물리학 쪽으로는 형편없는 것 같소!"라며 냉정한 평가를 했지요. 하지만 1933년 르메트르의 강연을 듣고 난 후에는 "우주의 기원에 관해 이제까지 들어본 것 중 가장 아름답고 만족스러운 설명이었다"라는 찬사를 보냈답니다. 우주에 대한 아인슈타인의 생각이 바뀌었기 때문이었어요.

빅뱅과 태초의 빛

제260대 교황인 **비오 12세**는 우주 이론에서 말하는 빅뱅이 창세기에서 말하는 태초의 빛과 같은 것이라고 생각해 왔어요. 성경에서 말한 '빛이 있으라'라는 구절이 곧 빅뱅을 의미한다고 본 것이지요. 르메트르의 이론이 창조주의 전능함을 보여 주는 증거라고 여겼답니다. 그래서 그는 1951년 '현대 자연 과학에 의한 신의 존재 증명'이라는 연설에서 빅뱅 이론을 높이 평가했어요. 하지만 정작 르메트르는 교황이 자신의 이론을 그런 식으로 해석하는 것에는 동의하지 않았다고 하네요.

우주의 나이

오늘날의 과학으로 밝혀낸 우주의 기원과 형성 과정에 따르면, 우주의 나이는 대략 138억 살 정도라고 해요.

빅뱅 이론의 증거

어떤 물체에서 열이 나거나 전자기파가 사방으로 방출되는 것을 '복사'라고 해요. 우주 공간 전체에 고루 퍼져 있는 전자기 복사 현상을 **우주 배경 복사**라고 하는데, 이것이 바로 빅뱅 이론의 결정적 증거랍니다. 우주 배경 복사는 1948년 미국의 물리학자 조지 가모프가 예측했던 것처럼, 태초의 폭발 당시에 방출된 에너지의 흔적이기 때문이에요. 우주 공간은 온도의 기준이 되는 '절대 영도'를 유지하는 것이 이론적으로 맞아요. 그런데 미국 벨 연구소의 물리학자 아노 펜지어스와 로버트 윌슨이 안테나를 연구하던 중 우주 배경 복사의 온도를 감지한 거예요! 물론 아주 미세한 온도였지만, 기준점보다는 높았거든요. 빅뱅이 발생한 이후로 오랜 시간이 지났으나 그 열기가 아직 완전히 식지 않았다는 뜻이에요.

빅뱅과 빅바운스

점점 발전하는 빅뱅 이론

현재 우주의 기원을 설명할 때 가장 일반적으로 사용되고 있는 것이 '빅뱅 이론'이에요. 하지만 이 이론도 완벽하지는 않아요. 그래서 1920년대에 조르주 르메트르가 처음 내놓은 이후로 많은 보완과 수정을 거쳤고, 계속해서 논의의 대상이 되어 왔지요.

태양계를 묘사한 그림

빅뱅=폭발?

빅뱅 이론은 흔히 대폭발 이론이라고도 불러요. 하지만 이는 빅뱅 이론을 지나치게 단순하게 요약하다 생긴 잘못된 설명이랍니다. 빅뱅 이론의 핵심은 우리 우주가 오래전 아주 작은 점 같은 공간에 엄청나게 높은 온도와 빽빽한 상태로 꼭꼭 압축되어 있다가, 어느 순간 매우 급격한 '팽창' 단계를 겪었다는 것이에요. '폭발'이라는 표현을 써서 '뻥' 하고 터진 것 같지만, 실은 우주가 갑작스럽고 빠르게 늘어났음을 나타내기 위해 비유적으로 쓴 표현이랍니다.

빅뱅이 아니라 빅바운스?

자연의 모든 것은 끊임없이 순환해요. 빅뱅 이론도 이런 순리를 부정하지 않는답니다. 그래서 우주의 작은 점에서부터 팽창이 일어난 것이라면, 이 상태가 돌고 돌아 다시 원점으로 돌아갈 가능성도 생각해 볼 수 있겠지요. 압축되어 있던 우주가 빠르게 팽창하면서 빅뱅이 일어났던 것처럼, 반대로 우주의 시공간이 한 점으로 수축하게 되는 대함몰, 즉 '빅크런치(Big Crunch)'가 일어날 수도 있다는 뜻이에요! 그렇다면 우주의 역사는 '빅뱅→팽창→수축→빅크런치'가 반복되는 과정일 수도 있겠지요. 이것을 빅바운스(Big Bounce) 이론이라고 해요. 조르주 르메트르는 1933년에 이미 이 가능성을 이야기했어요. 죽음과 부활을 끊임없이 반복하며 영원한 삶을 산다는 전설의 새 '불사조'를 예로 들면서 말이에요.

빅뱅 이론과 창조론

기독교에서는 처음부터 빅뱅 이론을 창조론의 '근거'라고 해석했어요. 신이 빅뱅을 일으켜 세상을 창조했다고 말이죠. 정작 빅뱅 이론의 창시자인 조르주 르메트르는 기독교의 사제였음에도 이런 해석에는 동의하지 않았어요.

우주를 탐험하다

무한히 많은 우주의 존재를 가정하는 '다중 우주론'을 그림으로 나타낸 것

끈 이론

1960년대 학자들이 내놓은 **끈 이론**은 모든 물질의 최소 단위가 점이 아니라 '진동하는 끈'이라고 보고 있어요. 끈 이론에서는 우주가 하나가 아니라고 생각해요. 그래서 '다중 우주' 또는 '브레인 다중 우주'를 주장하고 있지요. '브레인(brane)'은 '막'을 의미하는 '멤브레인(membrane)'에서 나온 말이에요. 1차원인 끈을 3차원으로 확장시킨 개념이지요. 브레인 다중 우주 이론에 따르면 우리 우주는 하나의 브레인, 즉 막에 불과해요. 그리고 높은 차원의 공간 안에 우리 우주 말고도 다른 우주들이 무수히 존재하지요. 따라서 브레인과 브레인 사이에서 충돌이 일어날 수 있는데, 이 과정에서 방출된 에너지와 입자로 인해 빅뱅과 비슷한 팽창이 일어나며 새로운 우주가 탄생한다는 거예요!

거품 우주론

우주가 빅뱅 직후에 급격한 팽창 단계를 거쳤다는 이론이 발표되자, 몇몇 학자들은 **거품 우주론**을 탄생시켰어요. 급격한 팽창을 만들어 낼 수 있는 곳이 한군데가 아니라 우주 공간 곳곳에 퍼져 있다면, 보글보글 부풀어 오르는 비누 거품처럼 우리의 우주와 비슷한 우주들이 여러 개 생겨날 수도 있겠지요. 그렇다면 우리 우주는 유일한 것이 아니라 결국 무한히 많은 우주 중 하나일 거예요. 이런 점에서 거품 우주론은 다중 우주론의 한 종류라고 볼 수 있죠.

급격한 팽창

오늘날에도 천체물리학자들은 이렇게 다양한 이론들을 종합해서 우주의 진화 시나리오를 다듬고 있어요. 그리고 이 과정에서 우주가 빅뱅 이후 조금씩 서서히 팽창한 것이 아니라, 막 생겨났던 순간에 급격하게 팽창했을 것이라는 추측을 내놓았답니다. 1979년 미국의 물리학자 앨런 구스가 주장한 **급팽창 우주론**을 받아들인 것이지요. 급팽창 우주론은 '인플레이션 이론'이라고도 불리는데, 빅뱅 이론이 미처 설명하지 못한 한계점을 보완해 주는 이론으로 주목받고 있어요.

'빅크런치'를 그림으로 나타낸 것

프톨레마이오스와 하늘 지도

천동설의 몰락

고대 그리스의 학자였던 프톨레마이오스는 지구는 고정되어 있고 지구 주위를 달, 태양, 행성들이 돌고 있다는 **천동설**을 주장했어요. 이는 한때 가장 훌륭한 과학 이론 중 하나로 평가되었지만, 폴란드의 천문학자 코페르니쿠스와 이탈리아의 천문학자 갈릴레이가 천동설이 사실이 아님을 밝혀낸 이후로는 과학사에서 푸대접을 받고 있답니다.

고대 그리스인들이 생각한 우주

프톨레마이오스의 주장은 고대 그리스의 철학자 **아리스토텔레스**의 우주론과도 일치했어요. 지구는 움직이지 않고, 행성들이 지구를 중심에 둔 채 각자 정해진 궤도를 따라 움직인다는 우주론 말이에요. 지구의 주위에는 달과 태양 그리고 수성, 금성, 화성, 목성, 토성의 다섯 '떠돌이 별'이 순서대로 자리를 잡고 있고, 그 위에 떠 있는 나머지 별들은 한자리에 고정되어 있다고 믿었답니다.

프톨레마이오스와 별

프톨레마이오스의 책 《알마게스트》는 모두 13권으로 이루어져 있어요. 이 책에는 무려 1022개가 넘는 별(항성)이 487개의 별자리로 정리되어 있답니다. 르네상스 시대까지 천문학의 기본 교재로 사용될 정도로 인정을 받았어요.

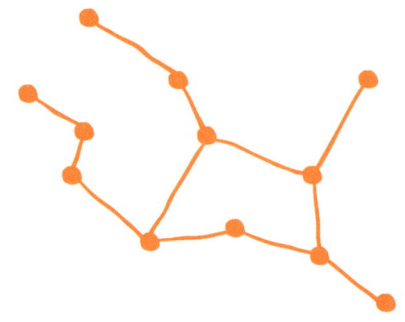

프톨레마이오스의 우주 체계. 지구와 행성들, 황도 12궁(별자리)이 표현되어 있다.

이상과 실제

그리스의 철학자 아리스토텔레스는 원이라는 도형이 가장 아름답고 완전한 존재라고 생각했어요. 그래서 우주에는 일정한 속력으로 원의 둘레를 따라 움직이는 **등속 원운동**만 있으리라고 믿었답니다. 하지만 프톨레마이오스가 관측해 보니 실제는 그렇지 않았어요. 그래도 아리스토텔레스의 우주론을 버릴 수 없었던 프톨레마이오스는 그 이론을 약간 수정하기로 했어요. 행성들이 틀에 박힌 궤도를 따라 움직이는 게 아니라, 지구를 중심으로 한 크고 둥근 특정 공간 안에서 각자의 중심점을 하나씩 가지고 그 둘레를 도는 것이라고 주장한 거예요.

대원과 주전원

고대 그리스 학자들이 만든 이론에 따르면 행성들은 원을 따라서 도는 '원운동'을 해야 해요. 하지만 실제 관측해 보니 원운동이 아닌 다른 방향의 움직임도 포착되었어요. 프톨레마이오스보다 먼저 이 사실을 알게 된 것은 그리스의 천문학자이자 수학자였던 아폴로니오스와 히파르코스였는데, 그들은 **주전원**이라는 새로운 개념을 내놓았어요. 행성은 단순히 원운동을 하는 것이 아니라, 지구를 중심으로 커다란 원, 즉 대원을 그리는 운동을 하고 있으며, 그와 동시에 그 대원의 둘레 위에 있는 한 점을 중심으로 다시 작은 원, 즉 주전원을 그리는 운동을 함께하고 있다는 주장이지요. 주전원 개념을 도입하면 실제 관측되는 행성의 운동이 이론과 다른 이유를 설명할 수 있었던 거예요.

프톨레마이오스의 도구

프톨레마이오스는 연구를 할 때 어떤 도구를 사용했을까요? 가장 간단한 도구인 **그노몬**은 고대 이집트에서부터 사용되던 해시계예요. 단순한 막대기 모양인데, 땅에 수직으로 세워서 그림자 길이를 측정해 계절의 변화를 파악했지요. 움직이는 원판의 형태로 별의 위치를 측정하는 도구인 아스트롤라베도 있었어요. 당시 이 도구들은 전부 나무로 만들어져 있었답니다.

천체의 위치 측정에 쓰이는 아스트롤라베

지식의 전파

642년 이슬람 제국은 알렉산드리아를 점령했어요. 이 사건은 고대 그리스의 문화와 지식이 아랍 사회에 퍼지는 계기가 되었지요. 특히 고대 그리스의 책들을 아랍어로 번역하는 작업이 많이 이루어졌답니다. 프톨레마이오스의 책 《알마게스트》 역시 당시에 번역된 아랍어 제목이에요. 아랍의 학자들은 그저 책을 번역하는 데서 그치지 않고, 프톨레마이오스의 이론을 토대로 자신들이 직접 관측하고 연구한 내용을 덧붙이기도 했어요.

고대 그리스 문화의 중심지, 알렉산드리아

이집트의 항구 도시 **알렉산드리아**는 2세기까지 고대 그리스 문화의 중심지였어요. 천문학자 프톨레마이오스도 이곳에서 활동했지요. 알렉산드로스 대왕의 뒤를 이어 이집트를 통치한 프톨레마이오스 1세 소테르(이름은 같지만 천문학자 프톨레마이오스와는 다른 인물이에요.)는 알렉산드리아 도서관을 중심으로 당대의 가장 뛰어난 학자들을 불러 모았어요. 당시 알렉산드리아 도서관은 세계 최고 규모의 도서관으로 명성을 떨치고 있었지요. 그리스 일대는 물론이고 인도까지 지배하고 있던 마케도니아 왕국에서 수집된 수많은 책들까지 소장하고 있었거든요. 이때의 책들은 대부분 손으로 베껴 쓴 '수사본'이었어요. 도서관은 현재는 파괴되고 없는데, 시기나 원인이 정확히 밝혀진 바는 없으나 로마인이 불을 질렀다는 추측이 있어요.

최초의 근대 과학자 **코페르니쿠스**

다재다능한 코페르니쿠스

니콜라스 코페르니쿠스는
1473년 폴란드 토룬에서 태어났어요.
폴란드의 크라쿠프 대학을 다니다가 이탈리아의 볼로냐 대학으로 옮겼는데
그곳에서 이탈리아의 천문학자 도메니코 마리아 다 노바라를 만나 본격적으로
천문학 공부를 시작하게 되었어요. (당시 노바라는 프톨레마이오스의 이론에
의문을 제기하고 있었지요.) 코페르니쿠스는 천문학뿐만 아니라 수학, 의학,
법의학, 그리스어까지 공부했어요! 거의 르네상스 시대 인문주의자들에
버금가는 교양의 소유자였던 거예요. 심지어 1497년에는 성당의 성직자로도
활동했답니다.

우주의 중심은 지구?

우주에 대한 프톨레마이오스의
생각은 르네상스 시대
초기까지도 여전히 받아들여졌어요.
지구가 우주의 중심이고, 별들은
지구 주위의 궤도면을 따라
움직이고 있는 천동설
말이에요.

왜 천동설을 포기했을까?

지동설의 창시자로 알려진
코페르니쿠스 역시 처음에는
프톨레마이오스의 천동설을 배우고
연구하던 천문학자였어요.
그런데 어쩌다가 지동설을 고안하게
되었을까요? 원인에 대해서는
정확히 알려지지 않았으나,
프톨레마이오스의 우주론이
아리스토텔레스가 믿었던
'등속 원운동'의 완벽함을
깨뜨렸다는 이유로 천동설 지지를
포기했다고 전해져요.

쉽지 않은 출간

태양이 지구 주위를 도는 것이 아니라,
오히려 지구가 태양 주위를 돌고
있다는 내용이 담긴 코페르니쿠스의
대표작 《천체의 회전에
관하여》는 1530년에 이미 집필이
완성되었어요. 하지만 지구가 우주의
중심이라고 믿던 당시의 강한
분위기에 위축되어 쉽사리 세상에
내놓지 못하다가, 그가 사망하기
직전인 1543년에서야 비로소
출간되었답니다. 로마 교황이
지동설을 금지된 사상으로 여겼기
때문이에요. 그러나 제자였던
레티쿠스가 스승을 설득했고,
코페르니쿠스가 책을 출간하기로
마음을 먹었지만, 직접 마무리
짓지는 못하고 세상을 떠나고
말았어요.

우주에 대한 생각이 뒤집히다!

코페르니쿠스가 내놓은 새로운 우주론은 세상을
깜짝 놀라게 했어요. 이제껏 모두가 믿고 있던 우주에 관한 원칙을
두 가지나 깨뜨렸기 때문이지요. 첫째, 지구가 태양 주위를 돌고 있다.
둘째, 지구 스스로도 돌고 있다! 사실 지구가 스스로 회전하는 자전은
코페르니쿠스 이전에도 여러 학자들이 언급한 적이 있었으나,
실험을 통해 증명된 것은 1851년이었답니다.

우주를 탐험하다

잘못 알려진 사실

지구가 태양 주위를 돈다는 사실을 증명한 사람은 코페르니쿠스라고 알려져 있지만, 이는 사실이 아니에요. 코페르니쿠스 덕분에 지동설이 알려지면서 천문학이 큰 발전을 할 수 있긴 했으나, 우주에 대한 코페르니쿠스의 이론에는 허점이 많았어요. 그가 근거로 삼은 관측들은 대부분 정확하지 않았거든요. 게다가 등속 원운동이 완벽하다는 생각에 너무 집착한 나머지, 여러 행성들이 그보다 훨씬 더 복잡한 운동을 하고 있다는 것은 알아차리지 못했답니다. 이후 행성들의 궤도 운동 원리를 정확하게 밝힌 것은 독일의 천문학자 케플러였어요.

새로운 시대의 시작

코페르니쿠스가 펴낸 《천체의 회전에 관하여》는 우주에 대해 과학적으로 접근해 혁신적인 발견을 해냈어요. 과학적 혁명의 출발이라고 여겨질 정도였지요. 게다가 그 발견 덕분에 많은 사람의 가치관이 180도 달라졌어요. 그래서 코페르니쿠스 이후로 우주가 지구를 중심으로 돌지 않는다는 발견이 잔뜩 쏟아져 나왔답니다.

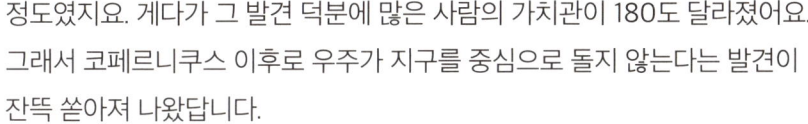

비난을 피하다

코페르니쿠스의 책은 기독교에서 말하는 교리에서 벗어난 내용을 담고 있어요. 하지만 출간 직후 교황청의 비난을 받지는 않았답니다. 출간 책임자였던 안드레아스 오시안더 덕분이었는데, 그는 책의 앞부분에서 코페르니쿠스의 주장은 그저 '가설'일 뿐이라는 문장을 덧붙여 영향력을 축소시켰지요. 덕분에 코페르니쿠스의 책은 첫 번째 '갈릴레이 재판'이 열린 1616년이 되어서야 비로소 금지되었지요.

지동설의 보급

코페르니쿠스가 주장한 지동설은 처음에는 거의 지지를 얻지 못했는데, 독일의 천문학자 에라스무스 라인홀트의 도움으로 널리 알려지게 되었어요. 사실 라인홀트도 처음부터 코페르니쿠스의 의견을 지지한 건 아니에요. 하지만 1551년에 코페르니쿠스의 이론을 바탕으로 별들의 위치나 일식 등의 천문학적 사건을 예측하게 되었답니다.

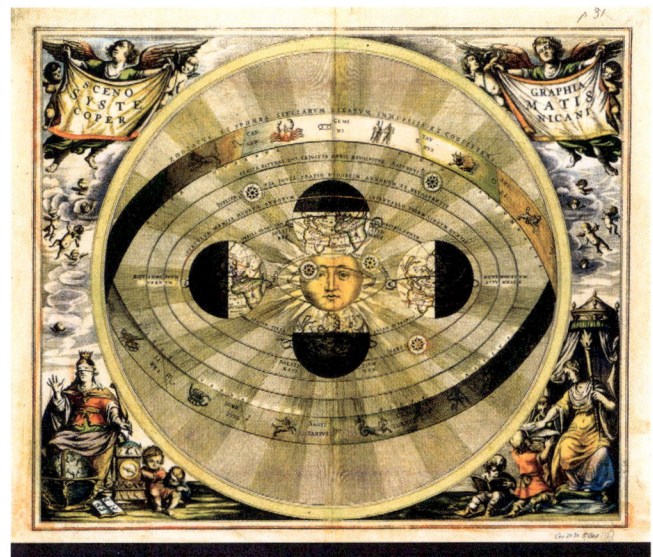

코페르니쿠스가 제시한 우주 체계

르네상스 시대의 천재들

시대의 변화를 보여 주다

독일의 추기경이자 철학자 **니콜라우스 쿠사누스**는 중세에서 르네상스 시대로 넘어가는 시기를 잘 드러내는 인물이랍니다. 미래에 발전할 과학의 혁신적인 모습을 미리 예상하는 것 같았거든요. 물론 여전히 이론에 의존하는 단계긴 했으나, 실제로 쿠사누스는 우주를 무한하고 중심이 없는 곳으로 생각했고, 지구가 움직이고 있다고 믿었어요. 공간을 수학적으로 연구하는 '기하학'에도 관심을 가졌고, '무한대'라는 개념을 수학자의 입장에서뿐만 아니라 신학자의 입장에서도 연구하는 등 새로운 시도들을 많이 했답니다.

금서를 읽었다는 이유로

조르다노 브루노는 1548년 이탈리아의 나폴리 근처에서 태어나 1573년 도미니카 교단의 사제가 되었어요. 하지만 1576년에 금지된 문서를 읽었다는 이유로 교단에서 쫓겨났어요. 이후 나폴리를 떠나 개신교의 도시인 제네바로 옮겨 갔지만 교단과 갈등이 생겨 1578년에 또다시 내쫓겼지요. 독일로 넘어가 루터교 교단에 들어갔지만 1588년에 역시 쫓겨났으며, 나중에는 영국 성공회와도 마찰을 빚었어요. 한마디로 브루노는 교회에서 내세우는 권위적인 교리와는 너무나 맞지 않는 인물이었던 거예요!

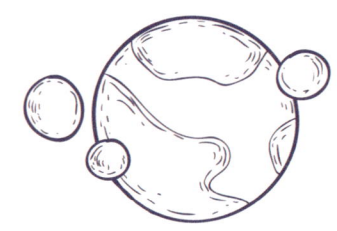

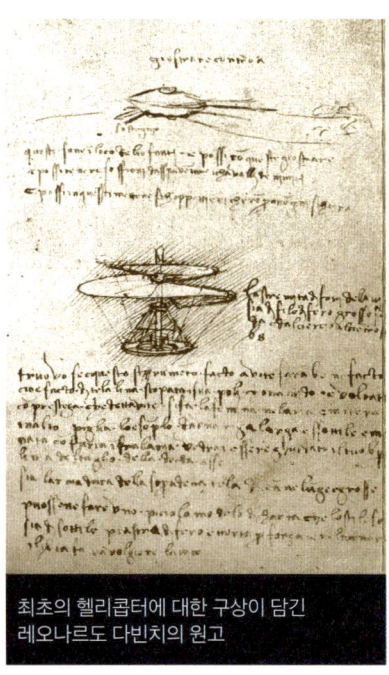

최초의 헬리콥터에 대한 구상이 담긴 레오나르도 다빈치의 원고

팔방미인

이탈리아 출신의 레오나르도 다빈치는 〈모나리자〉, 〈인체 비례도〉 등을 그린 예술가로 잘 알려져 있어요. 동시에 아주 뛰어난 기술자이기도 했답니다. 게다가 지칠 줄 모르는 폭넓은 호기심으로 다양한 분야에 과학적으로 접근해 연구했어요. 해부학, 지질학, 유체 역학(액체나 기체의 운동을 연구하는 학문), 기계 공학 등에도 큰 관심을 가졌고요. 다빈치가 이러한 연구로 중요한 발견을 하거나 뛰어난 성과를 내진 않았지만, 그가 다방면으로 뛰어난 천재였다는 사실을 증명하는 데에는 부족함이 없지요.

우주를 탐험하다

천재적인 기억력

조르다노 브루노는 탁월한 기억력의 소유자였어요. 스페인의 철학자 라몬 유이에게서 아이디어를 얻어 자신만의 노하우가 담긴 기억 기술을 개발하기도 했지요. 그는 기억력 덕분에 한때 프랑스 왕실의 보호를 받기도 했답니다. 프랑스 국왕 앙리 3세가 브루노의 기억술에 감명을 받아 1578년부터 1583년까지 왕실에 머물도록 해 주었거든요.

천재의 비극적인 최후

브루노는 스스로 생각해 낸 결과를 근거로 여러 이론들을 만들어 냈어요. 더불어 '신이 곧 자연이며 자연이 곧 신이다'라고 믿는 범신론적 사상과, 인간은 죽어도 다시 태어나 생이 반복된다는 '윤회'에 대한 믿음도 있었지요. 이러한 행동들은 당시 가톨릭 교리에 어긋난 것이었기에 1592년 종교 재판에 불려가 이단으로 선고되었고, 결국 1600년에 로마에서 화형을 당하는 **비극적 최후**를 맞고 말았답니다.

근대 역학으로 가는 길

브루노가 배에서 한 실험은 간단하면서도 천재적이었지요. 그는 이 실험을 통해 프랑스의 신부 장 뷔리당이 생각해 낸 물체의 운동을 나타내는 값 '임페투스'의 개념을 다시 한 번 검토했어요. 동시에 관성, 중력, 좌표계, 상대성 같은 중요한 개념들을 도입해 **근대 역학**(물체의 운동을 연구하는 학문)으로 가는 길을 열었답니다. 훗날 갈릴레이가(그리고 한참 더 이후에는 아인슈타인이) 본격적으로 하게 될 연구의 바탕을 만들어 준 것이지요.

움직이는 배 위에서

브루노는 대부분 관찰과 이론을 바탕으로 책을 썼지만 **실험** 역시 중요하게 생각했어요. 특히 움직이는 배의 깃대 위에서 물체를 떨어뜨리고 그 움직인 궤도를 관찰한 실험이 유명하지요. 배를 탄 상태에서 관찰하면 물체가 수직으로 떨어지는 것처럼 보이고, 육지에서 관찰하면 물체가 곡선, 즉 포물선을 그리면서 떨어지는 것처럼 보였거든요. 이 실험을 통해 브루노는 운동의 상대성을 이해하게 된 동시에 지구가 움직이지 않는다고 주장하는 사람들에게 반박할 수 있는 근거도 얻게 되었어요.

우주는 무한하다!

조르다노 브루노는 코페르니쿠스의 지동설을 지지했지만, 거기서 멈추지 않았어요. 그는 니콜라우스 쿠사누스처럼 우주를 **무한대**라고 생각했고, 그래서 우주에는 중심이 있을 수 없다고 주장했답니다. 별들은 태양과 같은 것이고, 그렇기에 각각의 별 주위에는 생명체가 사는 행성들이 각자 돌고 있다고 보았기 때문이에요.

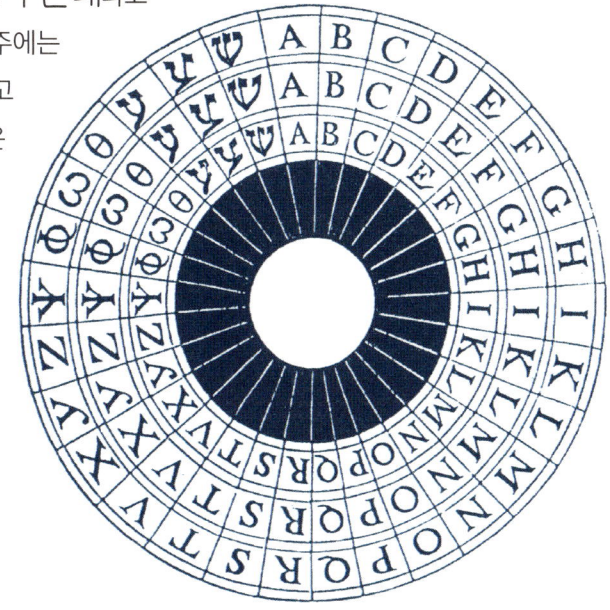

조르다노 브루노의 '기억술'은 동심원 구조의 바퀴들에 외워야 하는 개념들을 배치한 뒤, 바퀴를 돌렸을 때 만들어지는 개념들 사이의 연상 작용과 이미지를 이용하는 것이다.

진공은 존재할까?

진공 VS 에테르

고대 그리스 사람들은 물질이 전혀 존재하지 않는 공간인 진공을 두고 의견이 대립했어요. '원자론자'들은 진공을 세상의 기본 바탕이라고 여겼어요. 세상은 원자와 빈 공간으로 이루어져 있으며, 그 빈 공간은 원자들의 운동에 꼭 필요한 조건이라는 것이었지요. 그러나 아리스토텔레스는 진공의 존재 자체를 인정하지 않았고, 진공 대신 '에테르'라는 것이 우주 공간을 가득 채우고 있다고 믿었답니다.

진공을 증명하다

1648년 프랑스의 수학자이자 철학자인 블레즈 파스칼은 처남인 플로랭 페리에를 통한 실험에서, 위치가 높아질수록 대기의 압력은 낮아진다는 사실을 확인했어요. 공기에도 무게가 있기 때문에 낮은 곳으로 공기가 몰려 있고, 높은 곳에는 공기가 별로 없어서 압력도 크지 않은 거예요. 그렇다면 공기가 완전히 없는 진공 상태도 가능하다는 뜻이에요! 파스칼 덕에 사람들은 '진공'이라는 개념을 알게 되었어요.

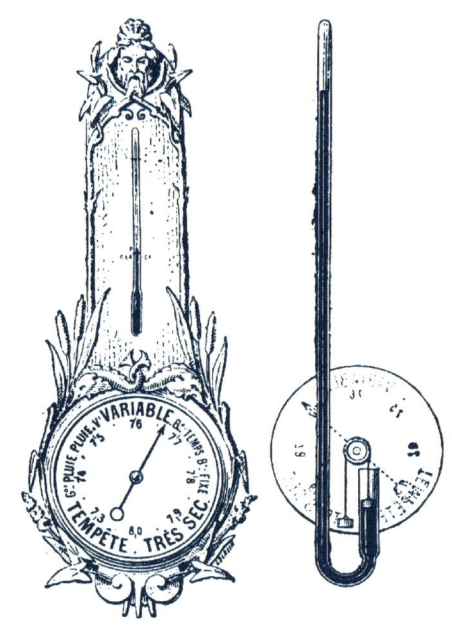

최초의 기압계

기압계로 증명한 진공

1643년 이탈리아의 토리첼리가 대기의 압력을 측정하는 기압계를 발명하면서 진공을 둘러싼 논쟁이 다시 시작되었어요. 한쪽이 막힌 유리관에 수은을 가득 채운 후 수은이 든 수조에 막히지 않은 쪽을 아래로 하여 유리관을 세우면 유리관 속의 수은 기둥이 기압에 의해 일정 높이까지 내려오다 멈추지요. 그러면 유리관 위쪽에 수은이 내려가고 남은 빈 공간이 생기는데, 토리첼리는 그 빈 공간이 바로 진공이라고 보았어요. 유리관 속에는 수은 말고는 아무것도 없었으니까요.

교회와 진공

한때 가톨릭 교회는 진공을 혐오했어요. 하느님이 완벽하게 창조하신 이 세상에 '무(無)'는 없다고 믿었거든요. 아리스토텔레스는 교회보다 더 진공을 부정했는데, 우주는 원래부터 존재하는 것이라 믿었기 때문에 아무것도 없는 상태인 진공을 전혀 인정하지 않았어요. 그런데 시간이 지나면서 교회는 신이 세상을 창조하기 전의 상태를 진공이라고 여기게 되었고, 그래서 1277년 파리의 주교 에티엔 탕피에는 입장을 바꿔 아리스토텔레스의 철학을 금하는 금지령을 내리기도 했어요. 아리스토텔레스가 주장하는 진공 혐오가 전능하신 하느님의 능력을 인정하지 않는 것이라고 보았기 때문이었어요. 하느님은 무엇이든 창조할 수 있으니 당연히 진공도 창조할 수가 있었겠지요. 이 금지령은 1325년에 폐지되었으나 진공의 존재를 인정하지 않는다는 주장은 17세기까지도 계속되었답니다.

우주를 탐험하다

진공은 힘이 세다!

1654년 독일의 공학자이자 정치가인 **오토 폰 게리케**는 흥미로운 실험을 진행했어요. 청동으로 만든 두 개의 반구(텅 빈 '구'를 반으로 자른 모양)를 맞붙인 뒤 펌프로 내부의 공기를 빼서 진공 상태를 만든 다음, 양쪽에서 여덟 마리의 말이 잡아당기도록 한 거예요. 놀랍게도 딱 붙어 버린 청동 반구는 절대 떨어지지 않았답니다! 반구 안에 공기가 있었다면 안쪽과 바깥의 기압이 서로 작용하면서 쉽게 떨어졌을 텐데, 반구 안이 아무것도 없는 진공 상태였기 때문에 바깥의 압력만이 작용한 거예요. 이 실험을 통해 진공 상태가 실제로 존재한다는 것을 증명한 것은 물론, 그 힘이 얼마나 대단한지도 보여 주었지요.

진공의 존재에 관한 오토 폰 게리케의 실험

에테르가 필요해

빛을 파동으로 설명하는 이론이나, 우주의 모든 물질은 서로를 끌어당기는 힘이 있다고 주장하는 만유인력에 관한 이론이 성립되려면, 빛의 파동이나 중력을 전달하는 중간 매개체가 있어야 해요. 그래서 영국의 물리학자 제임스 맥스웰은 1873년 전자기와 광학 현상을 통합한 이론을 제시하면서 **빛 에테르**의 존재를 강조했답니다. 이 빛 에테르가 대기 중에서 전자기파를 전달하는 역할을 한다는 것이지요.

에테르 이론의 끝

그러나 미국의 물리학자 알베르트 아인슈타인이 **특수 상대성 이론**을 발표하면서 빛 에테르가 전자기파를 전달해 준다는 주장은 설득력을 잃었어요. 아인슈타인이 에테르 같은 매개 물질이 없는 진공에서도 전자기파가 전달된다는 결론을 내렸기 때문이지요. 이때 아인슈타인이 근거로 삼은 것은 1887년 미국의 과학자 앨버트 마이컬슨과 에드워드 몰리가 진행한 실험이었어요. 지구는 태양의 주위를 공전하고 있고, 태양은 지구의 공전 속도보다 더 빠른 속도로 우리 은하의 중심 주위를 이동하고 있지요. 두 사람은 이런 움직임 때문에 지구에 '에테르 바람'이 불고 있을 것이라고 생각하고 그것을 증명하기 위한 실험을 했으나 결과는 실패였답니다.

진공을 만들 수 있다고?

1659년 아일랜드의 학자 로버트 보일은 오토 폰 게리케의 실험을 발전시켜 유리 종의 내부를 진공으로 만드는 공기 펌프를 개발했어요. 하지만 실험을 믿을 수 없다며 여전히 진공을 부정한 사람도 있었지요.

비어 있었다!

초기 원자론에서 말하는 원자는 아주 단단하고 쪼개지지도 않는, 속이 꽉 찬 형태였어요. 하지만 물리학이 발달하면서 원자의 구조는 속이 텅 비어 있다는 사실을 알게 되었답니다. 원자 중심에 있는 핵과 그 주위를 도는 전자 외에는 아무것도 없으니까요.

갈릴레이 : 그래도 지구는 돈다!

과학과 음악의 관계

1564년 이탈리아 피사에서 태어난 **갈릴레이**는 뛰어난 수학자이자 물리학자, 공학자, 천문학자였어요. 음악가였던 아버지의 영향도 받았지요. 흔히 음악과 과학은 서로 거리가 멀 것이라고 생각하기 쉽지만 사실은 그렇지 않아요. 음악을 과학적으로 분석했던 고대 그리스의 철학자 피타고라스 이후로, 많은 과학자들이 진동하며 소리를 내는 악기의 현에 대한 연구를 했거든요. 갈릴레이도 실험 도중 시간을 잴 때 맥박을 이용하기도 했지만, 일정한 박자의 노래를 부르며 시간을 재기도 했대요.

천체 망원경의 발명

1609년 갈릴레이는 이탈리아의 파도바 대학에서 수학을 가르치고 있었어요. 그러던 중 네덜란드에서는 멀리 있는 사물을 확대해서 볼 수 있게 해 주는 **망원경**이 발명되었음을 알게 되었지요. 이후 갈릴레이는 연구 끝에 직접 망원경을 만들어 냈어요! 4배로 확대해서 보는 초기 망원경부터 시작해 30배나 확대할 수 있는 망원경까지 만들었죠. 게다가 아주 단순하면서도 천재적인 생각을 해냈답니다. 이 망원경으로 별이 총총한 밤하늘을 들여다본 거예요! 이것이 바로 천체를 관측하는 '천체 망원경'의 시작이었어요.

근대 물리학의 아버지

갈릴레이는 우주를 '수학이라는 언어로 쓰인 거대한 책'이라고 생각하고, 이 우주를 지배하는 **수학적 법칙**들을 밝혀내고자 애썼어요. 그래서 내리막에서 둥근 구를 굴리는 실험을 하거나, 항해 중인 배의 선실에서 나비가 날아다니는 모습을 관찰하는 등 다양한 노력을 했답니다. 그 결과 물체가 떨어지는 낙하 법칙을 비롯해 물리학의 기초가 되는 여러 법칙들을 발견했지요. 특히 높은 곳에서 떨어지는 물체는 그 속도가 계속 빨라지는 가속 운동을 한다는 사실을 밝혀낸 것이 큰 성과였어요. 이를 통해 물체에 작용하는 일정한 힘의 존재를 발견했거든요. 이 힘이 바로 '중력'이랍니다.

다양한 연구

갈릴레이는 다양한 물리학 문제들을 연구했어요. 빛의 속도나 높은 곳에서 떨어지는 물의 힘 같은 주제들도 포함해서 말이에요. 1612년에는 《물에 뜨는 물체에 관한 담론》이라는 책에서 얼음이 물에 뜨는 이유는 얼음이 물보다 밀도(빽빽한 정도)가 낮기 때문이라고 설명하기도 했답니다.

지동설의 대표 주자

갈릴레이는 처음에는 프톨레마이오스의 천동설을 믿었어요. 지동설은 근거가 충분하지 않다고 생각했기 때문이지요. 하지만 자신이 직접 하늘을 관찰하고 연구한 끝에 결국 **지동설**을 지지하게 되었답니다. 그 결과, 오늘날 지구를 포함한 행성들이 태양 주위를 돌고 있다는 지동설의 '대표'로 역사에 남겨지게 되었지요.

발견, 또 발견!

망원경으로 **밤하늘을 관측**하기 시작하면서 갈릴레이는 계속해서 새로운 발견을 해냈어요. 달 표면이 울퉁불퉁한 분화구로 뒤덮여 있다는 것도, 금성이 달처럼 때에 따라 다른 모양으로 변한다는 것도, 은하수가 수많은 별로 이루어져 있다는 것도 알게 되었지요. 게다가 우주의 모든 것이 지구를 중심으로 도는 게 아니라는 사실도 깨달았어요. 목성 주위를 도는 4개의 위성을 발견했거든요. 1610년 갈릴레이는 《별의 전령》이라는 책을 통해 이 모든 천문학적 '특종'들을 발표하며 학계에 이름을 떨쳤답니다.

갈릴레이가 만든 천문 망원경

인생을 뒤흔든 진실

1632년 갈릴레이는 지동설을 지지하는 책을 내놓았어요. 교황청이 1616년부터 **금지시킨 사상**을 세상에 널리 퍼뜨린 거예요. 심지어 이 책은 특정 계층만 사용하던 라틴어가 아니라, 일반 대중들이 사용하던 이탈리아어로 쓰였어요. 교황청의 입장에서는 갈릴레이가 금지된 사상을 사람들에게 널리 알리기 위해 일부러 이탈리아어를 사용했다고 여겼지요. 갈릴레이는 당시 교황 우르바노 8세와 아주 친한 관계였는데, 교황은 갈릴레이에게 배신감을 느끼게 되었어요. 결국 갈릴레이는 1633년 종교 재판을 받았고, 재판관들 앞에 무릎을 꿇고 자신의 주장을 공개적으로 취소해야 했지요. (전해 내려오는 이야기에 따르면 이날 재판장을 나오면서 그 유명한 "그래도 지구는 돈다"라는 명언을 남겼다고 하는데, 사실인지는 확실하지 않아요.) 이 재판에서 갈릴레이는 목숨을 건졌지만, 남은 생은 오직 집에 갇혀 지내야 했지요. 이후 1638년에 《새로운 두 과학에 관한 논의와 수학적 증명》이라는 책을 마지막으로 남긴 갈릴레이는 1642년에 세상을 떠나고 말았습니다.

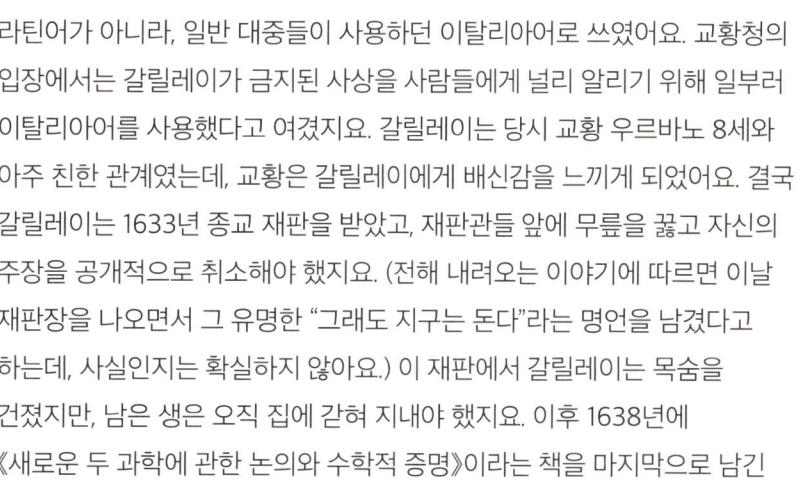

갈릴레이가 1610년에 달을 망원경으로 관측해 그린 그림

밤하늘의 **별자리**

일곱 개의 별

북두칠성은 큰곰자리의 꼬리 부분에 나란히 모여 있는 7개의 별을 말해요. 밝게 빛나는 별이라서 옛날부터 항해를 할 때 방향을 찾는 데 도움을 주었답니다. 우리나라에서는 보통 국자 모양이라고 하는데, 아랍인들은 북두칠성을 세 여인이 상여를 따라가는 모습이라고 표현했고, 로마인들은 일곱 마리 황소가 밭을 가는 모습이라고 생각했어요. 북두칠성을 뜻하는 '셉텐트리온(septentrion)'은 라틴어로 '일곱'을 뜻하는 '셉템(septem)'과 '밭을 가는 소'를 뜻하는 '트리오네스(triones)'가 합쳐져 만들어진 단어예요. '북쪽'이라는 뜻도 함께 가지고 있지요.

저마다 다른 해석

하늘에서 발견되는 다양한 **별자리**는 지역별로 해석이 저마다 달라요. 예를 들어 알파벳 더블유(W) 모양을 하고 있는 카시오페이아자리는 아랍에서는 낙타 모양으로 여겨지지만 스칸디나비아 지방에서는 다섯 마리의 순록이 묶여 있는 모습으로 해석된답니다. 오세아니아의 마셜 제도에서는 돌고래 꼬리 모양의 별자리라고 생각하고요.

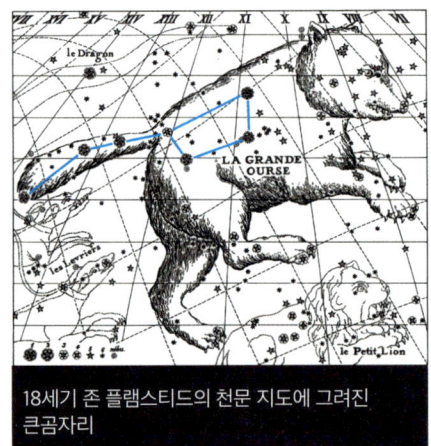

18세기 존 플램스티드의 천문 지도에 그려진 큰곰자리

별의 크기

별의 크기는 별 표면의 온도와 밀접한 관계가 있어요. 따라서 별의 표면 온도를 알면 별의 크기를 짐작할 수 있지요. 오리온자리에서 가장 밝은 별인 '베텔게우스'는 태양보다 훨씬 크답니다!

어쩌면 가장 오래된 신화

큰곰자리는 지구의 북쪽인 북반구에서 가장 쉽게 알아볼 수 있는 별자리예요. 그리스 신화에서는 제우스의 사랑을 받은 님프 칼리스토가 헤라의 질투로 인해 곰으로 변했고, 제우스가 이 곰을 별자리로 만든 것이 바로 큰곰자리라고 전해지지요. 그런데 재미있는 것은, 서로 멀리 떨어져 있는 문화권들이 큰곰자리에 대해 비슷한 신화를 가지고 있다는 사실이에요. 아메리카 원주민들의 신화에서는 큰곰자리가 세 명의 사냥꾼에게 쫓기는 곰이라고 설명하는데, 바스크와 몽골, 히브리 민족에게서도 비슷한 전설을 찾아볼 수 있답니다. 일부 천문학자들은 이 곰 사냥 이야기가 인류 역사에서 가장 오래된 신화 중 하나라고 말해요!

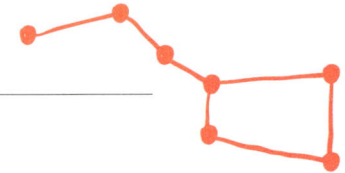

이름이 바뀌었어요

태양계의 8개 행성(수성, 금성, 지구, 화성, 목성, 토성, 천왕성, 해왕성) 중에서 지구를 포함한 여섯 개의 행성은 고대 그리스 시대부터 이미 알려져 있었어요. 하지만 지금 우리가 알고 있는 것과는 이름이 달랐지요. 당시에는 아침에 보이는 금성은 '포스포로스', 저녁에 보이는 금성은 '헤스페로스', 수성은 '스틸본', 화성은 '피로에이스', 목성은 '파에톤', 토성은 '파이논'이라고 불렀대요. 고대 그리스인들은 행성을 '떠돌이별'이라고 불렀는데, 태양처럼 가만히 고정되어 있지 않고 하늘을 떠돌아다니는 것처럼 보였거든요.

우주를 탐험하다

헤라의 젖

은하수를 뜻하는 영어 단어 '밀키웨이(Milky Way, 우유로 만든 길)'는 그리스 신화에서 비롯됐어요. 제우스는 알크메네와의 사이에서 낳은 아들 헤라클레스를 불사의 존재로 만들고 싶어 헤라의 모유를 먹이려고 했는데, 헤라가 아이를 밀쳐 내는 바람에 젖이 하늘에 뿌려지면서 은하수가 되었다고 해요. 은하를 뜻하는 또 다른 단어인 '갤럭시(galaxy)'도 이 신화에서 나온 말이에요. 그리스어로 '젖의'라는 뜻의 '갈락시아스(galaxias)'와 '젖의 동그라미'를 뜻하는 '키클로스 갈락티코스(kyklos galaktikos)'에서 유래되었거든요.

유성

여름밤의 별똥별

별똥별이 떨어질 때 소원을 빌면 이루어진다는 말이 있지요? 별똥별은 주로 여름밤에 하늘을 가르며 떨어지는 '유성'을 가리켜요. 그런데 이 유성은 어떻게 만들어지는 걸까요? 유성은 주로 혜성에서 떨어져 나온 부스러기로 만들어진답니다. 혜성은 태양 주위를 도는 긴 꼬리가 달린 별인데, 혜성에서 나온 조각이 지구로 떨어질 때 대기권과 마찰을 일으키며 빛을 내는 현상이 바로 별똥별인 거예요.

88개의 별자리

현재 공식적으로 인정되는 별자리는 프톨레마이오스가 《알마게스트》에서 밝힌 48개를 포함해 모두 **88개**예요. 1930년에 국제천문연맹에서 정한 것이지요. 사실 별자리는 천체 지도를 그리기 위한 기준일 뿐 실제로 우주에 그렇게 나란히 배열되어 있는 것은 아니에요. 우리 눈에는 서로 가까이 있는 것처럼 보여도, 실제로는 수백에서 수천 광년 거리만큼 떨어져 있을 수 있거든요.

10억 개의 별

2016년 유럽 우주국은 꽤 정확한 우리 은하의 지도를 만들어서 발표했어요. 우리 은하에 속한 별은 무려 2340억 개가 넘어요! 그중 우리 은하의 지도에는 가이아 위성의 관측으로 확인된 10억 개 이상의 별이 표시되어 있답니다.

우리 은하의 중심부에 해당하는 은하수

천문학의 도구 : 망원경의 발달

망원경의 발명

최초의 **망원경**은 네덜란드의 안경 제조업자 한스 리페르세이가 1600년대 초에 발명했어요. 기다란 관에 렌즈 두 개를 끼워 사물을 확대해서 볼 수 있게 만든 장치로, '광학통'이라고도 불렸어요. 그런데 당시에는 렌즈 기술이 좋지 않아서 물체의 테두리가 무지갯빛으로 번져 보이는 '색수차 현상'이 있었어요. 이러한 망원경의 원리를 연구하고 렌즈를 개량하여 더욱 발전시킨 사람은 갈릴레이예요. 그는 자신이 개량한 망원경으로 달과 달의 분화구, 금성의 위상 변화 등을 관측했지요. 특히 목성을 관측한 결과는 천동설을 재검토하는 계기가 되기도 했어요. 망원경으로 우주를 직접 관찰하는 일은 당시로서는 정말 혁신적인 일이었답니다!

망원경의 발달

1611년 독일의 천문학자 **요하네스 케플러**는 볼록 렌즈 하나와 오목 렌즈 하나를 사용하던 기존의 방식 대신, 볼록 렌즈만 두 개 사용한 망원경을 개발했어요. 이렇게 만든 망원경은 더 멀리, 더 넓게 볼 수 있었답니다. 덕분에 더 많은 천체를 더 자세히 관측할 수 있게 되었지요. 이때부터 망원경의 배율 경쟁이 시작되었어요. 렌즈는 점점 더 커졌고, 망원경은 점점 더 길어졌어요. 너무 크고 무거워진 탓에 나중에는 망원경을 떠받치는 특수 삼각대까지 등장했지요.

18세기에 발견된 천왕성

망원경으로 본 달

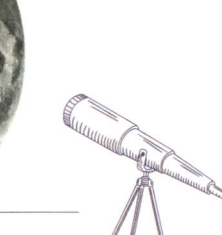

커지고, 커지고, 또 커지고

1671년 영국의 **아이작 뉴턴**은 새로운 망원경을 발명했어요. 빛을 모아 주는 반사경을 이용해 색수차 문제를 없애고, 높은 배율을 가졌지만 상대적으로 부피는 작은 망원경이었지요. 하지만 이 새로운 망원경에는 문제가 있었어요. 당시에는 반사경으로 청동 거울을 사용했는데, 청동 거울은 반사가 잘 안 되고 광택이 쉽게 사라졌거든요. 최근에는 이런 문제를 극복한 대신 부피가 커진 반사경이 많아요. 예를 들어 2026년에 완성될 거대 마젤란 망원경에는 8미터나 되는 반사경이 여러 개 들어갈 예정이지요. 또 1989년부터 칠레에 건설 중인 유럽의 초거대 망원경에 들어가는 반사경을 모두 합치면 지름이 39.3미터나 되는 거대한 원반이 나온대요!

새로운 행성

윌리엄 허셜은 독일 출신의 영국 천문학자이자 음악가예요. 그가 남긴 업적 중 제일 중요한 것은 크기도 작고 그리 밝지도 않은 천왕성을 발견한 일이에요! 허셜 덕분에 고대 이후로 변화가 없었던 태양계에 새 행성이 추가된 것이지요.

우주를 탐험하다

반사 망원경의 원리

반사 망원경은 거울이 빛을 반사하는 성질을 이용해 만든 망원경이에요. 빛을 내는 천체 쪽에 망원경을 맞추면 첫 번째 거울이 그 빛을 모아서 두 번째 거울로 반사하지요. 두 번째 거울이 그 빛을 다시 접안렌즈로 반사하면 우리가 볼 수 있게 되는 원리랍니다. 예전에는 렌즈에 맺힌 상을 눈으로 직접 관찰했지만, 지금은 스크린에 띄워서 분석하고 있어요.

태양을 관측하는 방법

태양을 맨눈으로 관측하는 것은 매우 위험해요. 통증을 느낄 사이도 없이 몇 초 만에 눈이 손상될 수 있거든요. 그래서 **태양의 관측**은 늘 간접적인 방식으로 이루어졌어요. 만약 직접 관측하려면 눈을 보호할 수 있는 특별한 안경이나 필터가 꼭 필요해요. 1995년에는 태양 관측 위성 소호(SOHO)가 발사되어 태양 주위의 궤도를 돌고 있어요. 덕분에 태양의 구조와 온도, 태양풍에 관한 연구와 태양면 폭발 감시 등에 큰 도움을 받고 있답니다.

우주의 빛을 분석하다

'분광법'이란 빛이 파장의 차이에 따라 여러 색으로 나뉘어 나타나게 하는 방법이에요. 이를 이용해 별에서 나오는 **빛 스펙트럼**을 분석하면 별의 화학적 성분과 속도, 온도 등을 알아낼 수 있어요. 또, 전파 망원경을 이용해 우주에서 오는 전파를 분석하는 연구는 1930년 무렵부터 시작되었지요. 제2차 세계 대전 이후에는 우주 전파를 수집하기 위해 거대한 금속 안테나들이 지어졌어요. 덕분에 멀리 떨어진 은하의 중심핵인 '퀘이사'와 빠른 속도로 회전하는 고밀도의 중성자 별 '펄서'를 발견할 수 있었지요. 2016년 말에는 중국에서 안테나 지름이 500미터나 되는 세계 최대의 전파 망원경을 가동하기 시작했답니다. 펄서와 외계 메시지, 은하들 사이의 상호 작용을 연구하기 위해서요.

방해를 피해서

우주를 관측하는 일은 결코 쉽지가 않아요. 방해되는 일들이 너무 많거든요. 도시의 너무나도 밝은 빛은 우주의 빛을 잘 보지 못하게 하고, 통신용 신호나 마이크로파 등 현대 사회의 각종 전파들은 우주에서 오는 전파와 충돌하지요. 대기가 우주의 일부 파장을 흡수하거나 변형시키기도 하고요. 그래서 천체 망원경은 사람들이 사는 곳에서부터 멀리 떨어진 높은 장소에 설치하곤 해요. 그래야 빛이나 적외선을 더 잘 관측할 수 있거든요. 더 좋은 데이터를 얻기 위해서는 우주 공간으로 쏘아 올린 관측 위성이나 우주 망원경을 이용하지요.

유럽 초거대 망원경의 완공 후 예상도

브라헤와 케플러

천동설과 지동설 사이

튀코 브라헤는 덴마크의 천문학자였어요. 그는 '천상계는 완벽하므로 아무것도 변하지 않는다'라고 생각한 아리스토텔레스의 우주관을 뒤집을 증거를 찾아낸 인물이랍니다. 하지만 그렇다고 해서 프톨레마이오스의 천동설이 완전히 틀렸다는 입장은 아니었고, 또 코페르니쿠스가 주장한 지동설도 완전히 신뢰하지는 않았어요. 그래서 브라헤는 천동설과 지동설의 타협점을 찾아, 행성들은 태양 주위를 돌지만 태양 역시 지구 주위를 돈다는 의견을 내놓은 것이지요. 이 **절충설**은 지동설을 반대하는 이들의 관심을 끌기는 했지만 너무도 허술한 주장이라 이에 설득된 천문학자는 사실 아무도 없었답니다.

덴마크 천문학자 튀코 브라헤

법대신 별

튀코 브라헤는 덴마크의 귀족 가문 출신이에요. 원래는 법률을 공부했지만 1572년 새로운 별을 관측한 것이 계기가 되어 천문학에 평생을 바치기로 결심했지요.
(아마 수명이 다한 별이 강렬한 빛을 내면서 폭발하는 초신성을 관측했던 것 같아요.) 그는 이듬해인 1573년에 《새로운 별》을 출간했어요.
이 책에서 그는 천상계가 불변한다는 아리스토텔레스의 주장이 사실이 아니라고 밝혔지요. 그 뒤로도 오랜 시간 관측에 열중한 브라헤는 천체들의 위치를 아주 정확하게 표시한 목록들도 남겼답니다.

최초의 근대적 천문대

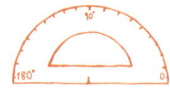

1576년 브라헤는 업적과 재능을 인정받은 공으로 덴마크 왕에게 받은 '벤 섬'에 천문 현상을 연구하는 최초의 근대적 **천문대**를 세웠어요. 천문대의 이름은 천문학을 관장하는 여신인 우라니아의 이름을 따 '우라니보르그(Uraniborg)'라고 지었지요. 브라헤는 이 천문대에서 관측 도구들의 정확성을 높이기 위해 노력했고, 천문학자들을 모아 함께 작업을 하기도 했어요. 당시에는 천문을 관측하는 것이 매우 힘든 일이었어요. 아직 천체 망원경이 발명되기 전이라 모든 관측을 눈으로만 해야 했거든요!

폭군 과학자

벤 섬의 영주였던 브라헤는 자신의 연구를 위해 농민들을 함부로 다루고 일꾼들을 착취한 '폭군'으로 기억되고 있어요. 게다가 함께 일했던 동료 학자들에게도 따뜻한 사람은 아니었다고 해요. 말년에 브라헤를 보살폈던 제자 케플러는 자신의 스승을 두고 '함께 지내기 참 힘든 사람'이라고 평가하기도 했대요.

우주를 탐험하다

벤 섬의 스티에르네보르그 천문대. 우라니보르그의 관측이 바람 등 지상의 영향을 받는다고 생각하고 지하에 새로 지은 관측소이다.

왜 안 맞지?

브라헤는 자신의 제자 케플러에게 자신의 관측 기록을 물려주었는데, 이는 거의 30년에 걸쳐 작업한 결과물이자 당대 최고의 정확성을 자랑하는 귀한 자료였답니다. 1601년 브라헤가 사망한 뒤 케플러는 스승의 뒤를 이어 황실 수학자로 임명되었어요. 그리고 행성들의 움직임 뒤에 숨어 있는 수학적 비밀을 풀어내려고 애썼지요. 지구를 포함해 모든 행성들이 태양의 주위를 돌고 있는 것은 분명했어요. 이론대로라면 행성들은 가장 이상적인 운동인 '등속 원운동'을 해야 했지요. 그런데 브라헤나 케플러가 직접 수집한 관측 자료들을 아무리 들여다보아도 그 이론과 맞지가 않았어요!

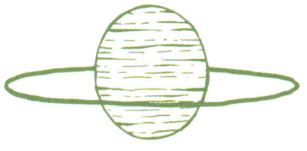

비밀을 알아내다!

독일의 천문학자 **요하네스 케플러**는 오스트리아의 그라츠 대학에서 수학 교수로 일하다가, 체코의 프라하에서 브라헤를 만나 그의 조수가 되었답니다. 브라헤는 케플러에게 화성의 궤도를 연구해 보라고 지시했고, 케플러는 그 골치 아픈 문제에 8년이나 매달려야 했어요! 하지만 그 덕분에 마침내 천체들의 운동에 숨겨진 비밀을 알아낼 수 있었답니다.

케플러의 법칙

케플러는 오랜 연구 끝에 태양계 행성들의 운동을 지배하는 세 가지 법칙을 발표했어요.
첫 번째는 '타원 궤도의 법칙'이에요. 원과 달리 타원에는 두 개의 초점이 있어요. 행성들은 타원 궤도를 그리며 태양의 주위를 돌고, 태양은 그 타원의 두 초점 중 한 곳에 위치한다는 법칙이에요.
두 번째는 행성과 태양을 연결하는 선이 같은 시간 동안 '쓸고 지나가는 면적'은 항상 일정하다는 '면적 속도 일정의 법칙'이고요. 세 번째 '주기의 법칙'은 행성이 공전하는 주기의 제곱은, 타원 궤도의 가장 긴 거리인 긴반지름의 세제곱에 비례한다는 것이지요.

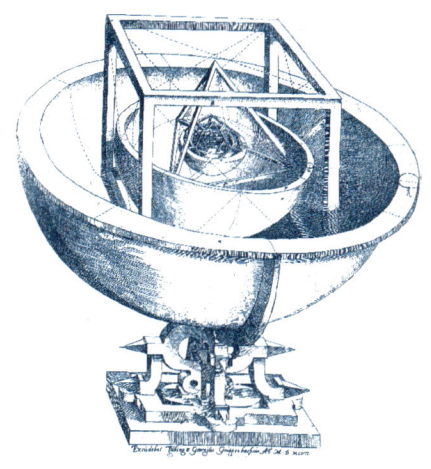

케플러의 우주 모형

천문학 역사의 10대 천문대

이라크 바그다드 천문대

1. 언제든 이용할 수 있도록 설치한 역사상 최초의 상설 천문대예요. 829년 바그다드의 왕립 연구 기관인 '지혜의 전당'의 부속 기관으로 세워졌답니다.

덴마크 우라니보르그 천문대

2. 1576년에 튀코 브라헤가 벤 섬에 지은 최초의 근대적 천문대예요. 브라헤가 왕실과의 마찰로 벤 섬을 떠난 뒤 주민들이 파괴해 버렸어요.

프랑스 뫼동 천문대

3. 1871년 프랑스의 뫼동 성이 프로이센군에 의해 화재로 타 버렸어요. 그러자 천문학자 쥘 장센은 성이 있던 자리에 새로운 천문대를 지을 수 있는 권한을 요청했고, 1879년에 허가가 떨어졌어요. 1889년부터 공사가 시작되었고, 1896년에 마침내 장센이 원했던 대형 망원경을 갖춘 천문대가 문을 열었답니다. 지름이 83센티미터나 되는 커다란 대물렌즈를 장착한 이 망원경은 당시 유럽에서 가장 큰 것이었어요! 세계에서는 세 번째로 컸고요. 뫼동 천문대는 1927년에 파리 천문대와 병합되었어요.

뫼동 천문대의 망원경과 쥘 장센

영국 슬라우 관측소

4. 1786년 독일 태생의 천문학자였던 윌리엄 허셜과 캐롤라인 허셜 남매는 영국 버커셔주에 위치한 슬라우에 관측소를 지었어요. 당시로서는 최대 크기였던 40피트(약 12미터)나 되는 망원경을 갖춘 이 관측소는 남매의 집이기도 했답니다. 1792년에는 이곳에서 윌리엄 허셜의 아들 존 허셜이 태어났는데, 그 역시 자라서 천문학자가 되었어요. 아쉽게도 슬라우 관측소는 지금은 사라지고 없어요.

칠레 파라날 천문대

5. 파라날 천문대는 유럽 남방 천문대에서 운영하는 곳이에요. 아타카마 사막은 세계에서 가장 메마른 지역이자 인적이 드문 곳이라 천문학자들이 좋아하지요. 파라날 천문대는 바로 이 아타카마 사막의 해발 2635미터 높이에 있답니다. 지름이 8.2미터나 되는 망원경 네 대로 이루어진 초거대 망원경이 설치되어 있지요.

천문 관측의 명소로 꼽히는 칠레 파라날 천문대의 초거대 망원경

하와이 마우나케아 천문대

6. 마우나케아 천문대는 태평양 한가운데 있는 하와이 마우나케아산 정상 해발 4200미터에 위치해 있어요. 10미터짜리 반사경이 장착된 망원경 두 대를 보유하고 있답니다.

미국 애리조나 그레이엄산 천문대

7. 그레이엄산 국제 천문대는 1993년에 문을 열었어요. 바티칸 고급 기술 망원경과 8.4미터 반사경 두 개가 장착된 거대 쌍안 망원경이 해발 3267미터 높이에 설치되어 있지요.

미국 캘리포니아 윌슨산 천문대

8. 윌슨산 천문대는 1904년 미국 캘리포니아주의 윌슨산 해발 1724미터 높이에 세워졌어요. 1908년에는 1.52미터짜리 망원경이 설치되었고 1917년에는 2.54미터의 후커 망원경이, 1919년에는 미국의 물리학자 앨버트 마이컬슨이 개발한 최초의 '광학 간섭계(빛의 파장을 관찰하는 장치)'가 놓였답니다. 마이컬슨의 '빛의 속도 측정 실험'이나 허블의 '외계 은하 발견'처럼 천문학사에서 매우 중요한 사건들이 여기서 일어났어요!

프랑스 픽뒤미디 천문대

9. 픽뒤미디 천문대는 피레네 산맥의 픽뒤미디산 정상 해발 2876미터에 위치해 있어요. 1870년대에 공사를 시작해 1882년에 첫 건물이 완공되었지요. 1980년에는 28미터 높이의 탑 위에 2미터 지름의 베르나르 리오 망원경이 설치되었는데, 이는 현재 프랑스에서 가장 큰 망원경이랍니다. 이 지역은 2013년부터 '국제 밤하늘 보호 구역'으로 지정되어 빛 공해로부터 보호받고 있지요. 그래서 해발 2000미터 이상에 위치한 612제곱킬로미터 넓이의 중심 지역은 조명이 완전히 금지되어 있어요.

허블 우주 망원경

10. 천체 관측에 방해가 되는 도시의 빛 공해를 피할 수 있는 가장 좋은 방법은 망원경을 위성에 실어 지구의 대기권 밖으로 보내는 것이 아닐까요? 허블 우주 망원경처럼 말이에요! 허블 우주 망원경은 1990년에 발사되었고 이후 몇 차례의 수리와 업그레이드를 받았어요. 그동안 고생했으니 이제 더 나은 성능의 '후배' 우주 망원경들에게 자리를 물려줄 때가 된 것 같아요.

1997년에 수리를 받은 뒤의 허블 우주 망원경

달의 여러 가지 모습

우주 비행사 토마 페스케가 2016년 12월에 국제우주정거장에서 촬영한 '슈퍼문'

달의 마법

인간은 오래전부터 달의 모양 변화에 많은 의미를 두었어요. 특히 **보름달**은 이상한 마력을 가졌다고 여겨졌지요. '미치광이'를 뜻하는 영어 단어 '루나틱(lunatic)'은 달을 뜻하는 라틴어 '루나(luna)'에서 유래되었답니다. 달은 정말로 신비한 힘을 가졌을까요? 몇몇 미신이 있긴 하지만 과학적으로 증명된 사실은 없어요. 하지만 '수면'에 미치는 영향에 관해서는 의미 있는 결과가 나온 적이 있어요. 보름달이 뜬 밤에는 사람들의 평균 수면 시간이 줄어든다고 해요! 하지만 왜 이런 일이 일어나는지에 대해서는 과학적으로 설명하지 못하고 있어요.

달의 기원

달의 기원을 설명하는 가설은 여러 가지가 있어요. 원시 지구에서 떨어져 나온 물질에서 달이 생겼다는 '분리설', 다른 곳에 있던 달이 지구의 중력에 의해 끌려왔다는 '포획설', 그리고 현재 가장 가능성이 높다고 알려진 '충돌설'도 있어요. 지구가 만들어지던 초기에 역시 막 생겨나고 있던 '테이아'라는 천체 사이에서 충돌이 일어났다는 것이지요. 이때 부서진 테이아의 파편들이 지구의 주위를 돌다가 하나로 뭉쳐져 달이 되었고요. 이 설명대로라면 지구와 달의 성분이 유사하면서도 차이가 나는 사실을 이해할 수 있지요. 그래서 충돌설이 큰 지지를 받고 있는 것이랍니다.

달의 위상 변화

때에 따라 다르게 보이는 달의 모양을 **달의 위상**이라고 해요. 지구와 태양과 달의 정렬 순서에 의해 달라지는데, 달이 태양과 지구 사이에 위치해 일부가 가려지면 초승달이 돼요. 달과 태양이 지구를 가운데 두고 서로 반대쪽에 있으면 달의 정면 전체가 밝게 보이는 보름달이 되고요. 상현달이나 하현달 같은 반달은 태양과 지구와 달을 잇는 선이 직각이 되어 달이 반만 보이는 상태예요. 물체와 물체 사이에서 작용하는 서로 끌어당기는 힘을 '인력'이라고 하는데, 태양과 지구 사이, 지구와 달 사이의 인력이 지구의 바닷물에 영향을 끼쳐 일어나는 현상이 바로 밀물과 썰물 같은 조류의 변화랍니다.

> **태양계에서 제외된 명왕성**
>
> 현재 태양계에서 행성으로 공식 인정된 천체는 8개뿐이에요. 원래는 명왕성도 포함되어 9개였는데, 2006년부터는 명왕성이 '왜행성'으로 분류되어 태양계에서 빠졌답니다. 태양을 중심으로 돌고, 충분한 질량을 갖고, 다른 천체의 궤도에 영향을 받지 않으며, 다른 행성 주위를 돌지 않는 천체를 행성으로 구분하는데, 명왕성은 이 기준을 충족시키지 못했거든요.

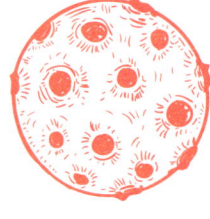

우주를 탐험하다

달의 위상 변화. 초승달, 상현달, 보름달, 하현달, 그믐달 순으로 바뀐다.

달은 무슨 색?

달은 무슨 색일까요? 노랗거나 희거나 은빛을 띤다고 알고 있지만, 때로 붉은빛을 띨 때도 있어요. 달이 붉게 보이는 것은 달빛이 지구 대기를 통과할 때 일어나는 현상인데 나쁜 징조로 해석되는 경우가 많지요. 그런데 사실 실제 달의 표면은 **아주 어두운 회색**이랍니다. 그러나 태양으로부터 받은 빛을 반사해서 밝게 보이는 거예요.

혼잡하다, 혼잡해!

화성과 목성의 궤도 사이에는 **소행성대**가 띠 모양으로 펼쳐져 있어요. 이곳은 수백만 개의 천체가 존재하는 혼잡한 구간이지요. 지름 100킬로미터가 넘는 천체가 200개 이상이고, 1킬로미터가 넘는 천체는 약 100만 개나 있답니다! 19세기의 천문학자들은 이미 알려진 태양계 행성들의 궤도 사이에 있는 '빈자리'에 또 다른 행성들이 있을 것이라고 추측하고 새로운 천체를 찾으려 애썼어요. 그 과정에서 이 구간이 발견된 것이지요.

꼬리가 있어요!

혜성은 행성처럼 태양을 중심에 두는 타원 궤도를 돌되, 행성에 비해 훨씬 크고 길쭉한 형태의 타원을 그리면서 천천히 이동하는 천체예요. 그래서 지구에서는 아주 긴 주기를 간격으로 혜성을 볼 수 있어요. 대신 한 번 나타나면 며칠씩 관측이 가능하지요. 혜성은 얼음으로 된 '핵'과 그 핵을 둘러싼 '코마', 기체와 먼지가 태양풍에 날아가면서 생기는 '꼬리'로 이루어져 있답니다.

달과 지구

달의 크기는 지구보다 3.6배 작아요. 달이 지구 주위를 한 바퀴 도는 데 걸리는 시간은 약 27.3일이랍니다.

2004년에 지구에 접근한 니트 혜성

81

우주에 또 다른 생명체도 있을까?

'오시리스'로 불리는 외계 행성 HD209458b

화성에 쏟아지는 관심

화성은 많은 과학자들과 우주 탐사 지원자들의 관심을 받고 있는 행성이에요. 지구에서 쉽게 접근할 수 있기도 하지만, 생명체가 살 수 있을지도 모르는 유력한 후보이기도 하거든요! 실제로 2012년에는 40억 년 전 화성에 바다가 존재했었다는 연구 결과가 나오기도 했어요. 2015년에는 나사(NASA)가 화성의 표면에서 액체 상태인 물의 흔적을 발견하기도 했고요. 심지어 2013년 미국의 지구화학자 스티븐 베너는 지구의 최초 생명체가 화성에서부터 운석을 타고 지구에 왔다는 학설을 내놓기도 했어요!

미확인 비행 물체 UFO!

외계 생명체가 우리 지구를 방문한 적이 있을까요? 미확인 비행 물체(UFO)에 대한 최초의 보고서를 작성한 사람은 미국의 조종사 케네스 아놀드였어요. 그는 1947년 6월 24일에 미국 워싱턴주를 비행하던 중 하늘에서 번쩍이는 9대의 이상한 비행 물체를 목격했어요. 그 이후 오늘날까지 수많은 UFO 목격담이 쏟아지고 있는데, 대부분은 유언비어였지만 그중에는 정말 신비로운 이야기들도 있답니다.

외계에서 보낸 메시지

먼 우주에서부터 오는 신호를 탐지할 수 있는 전파 망원경의 발달은 많은 기대를 받고 있어요. 외계인이 보내는 메시지를 받을 수 있을지도 모르잖아요! 오하이오 주립대학의 전파 망원경 '빅이어(Big Ear)'는 이런 기대를 안고 1960년대에 '외계 지적 생명체 탐사(SETI) 프로젝트'를 시작했어요. 실제로 1977년에 빅이어는 아주 특이한 전파를 수신했는데, 자연적으로 만들어졌다고는 볼 수 없는 매우 좁은 주파수 대역을 가진 강한 신호였어요! 자료를 검토하던 사람이 너무 놀라서 기록지에 '와우'라는 감탄사를 적었다고 해서 이 신호는 '와우 시그널'이라고도 불린답니다. 하지만 그 이후로 다시는 수신되지 않았어요. 정말 외계에서 온 신호였을까요?

외계 생물학

외계 생물학은 생명체가 발달할 수 있는 조건과 외계 환경에서 나타날 수 있는 생명체의 형태를 연구하는 학문이에요. 공상 과학 소설에나 나올 법한 이야기지만 실제로 존재하는 과학 분야랍니다. 생화학과 천체 물리학, 비교 해부학, 역학 등의 자료를 바탕으로 하지요.

우주를 탐험하다

페르미 역설

엔리코 페르미는 1938년에 노벨 물리학상을 받은 이탈리아 출신의 과학자예요. 1950년 로스앨러모스에서 동료들과 대화를 나누던 중 흥미로운 이야기를 한 것으로도 유명하지요. 우주가 무한하거나 엄청나게 넓다면 분명 수많은 생명체가 존재하지 않을까요? 그중에는 분명 우주 여행을 할 수 있을 만큼 발전된 기술을 가진 문명도 있겠지요. 그렇다면 그들은 왜 아직도 지구에 오지 않았을까요? '페르미 역설'이라고 불리는 이 이야기는 이후로 수많은 토론의 주제가 되었고 다양하게 해석되기도 했어요. 물론 비판의 대상이 될 때도 있었고요.

설명 불가

미확인 우주 항공 현상 정보 연구소(GEIPAN)는 프랑스 영토에 나타난 UFO에 대한 목격담을 수집해서 조사하고 분석하는 기관이에요. GEIPAN에 따르면 수집한 목격담의 15퍼센트 정도는 과학적으로 설명이 불가하다는 판정을 받고 수수께끼로 남는다고 해요. 그중에는 한 라벤더 농장에서 일어난 사건도 있어요. 1965년 한 농부가 자신의 라벤더 농장에서 외계인과 달걀 모양의 UFO를 보았다는 목격담을 털어놓았어요. 농부는 UFO가 착륙한 흔적과 당시의 충격으로 나빠진 자신의 건강을 증거로 제시했답니다.

외계 행성에도 생명체가?

지난 20여 년간 발견된 외계 행성은 3500개가 넘어요. 과학 기술이 발전하면 앞으로 더 많이 발견될 가능성이 크지요. 과연 그 수많은 외계 행성들 중에 생명체가 살고 있는 곳이 있을까요? 이 궁금증을 해결해 줄 막중한 임무를 맡은 것이 바로 나사(NASA)에서 2021년에 발사한 우주 망원경 '제임스 웹'이에요. 외계 행성의 대기를 적외선 스펙트럼으로 분석해 생명체가 살 만한 조건을 갖춘 행성을 찾아낼 수 있는 초고성능을 갖추고 있지요.

2015년에 화성에서 물의 흔적이 발견되었다.

천문학 역사의 10대 발견

달의 분화구

1. 달은 오래전부터 우리가 제일 잘 안다고 생각하던 천체였어요. 하지만 갈릴레이가 달을 망원경으로 들여다보기 시작하면서 모든 게 달라졌지요. 아리스토텔레스가 생각한 완벽한 구의 모습이 아니라, 움푹 팬 분화구와 올록볼록한 혹으로 뒤덮인 모습이었으니까요. 이를 통해 천체들이 지구보다 더 '완벽한' 존재는 아니라는 사실을 깨닫게 되었지요.

은하수

2. 갈릴레이는 은하수에 대한 사람들의 생각도 바꾸어 놓았어요. 옛날 사람들은 은하수가 하늘에 흐르는 강 같은 것이라고 믿었거든요. 하지만 실제로는 수많은 별로 이루어져 있다는 사실을 알아냈답니다.

토성의 고리

3. 토성의 고리는 1610년의 갈릴레이에 의해 처음 관측되었어요. (또 갈릴레이가!) 하지만 그 정확한 정체는 1655년 네덜란드의 천문학자 크리스티안 하위헌스(호이겐스라고도 불러요.)가 밝혀냈답니다. 하위헌스는 토성을 둘러싸고 있는 고리가 얇고 평평한 모양을 하고 있어서 각도에 따라 보이기도 하고 안 보이기도 한다는 사실을 알아냈어요.

1986년 3월 19일 촬영된 핼리 혜성. 지구에서 1억 2000만 킬로미터 떨어진 곳까지 접근한 모습이다.

핼리 혜성

4. 영국의 과학자 에드먼드 핼리는 1682년에 관측된 혜성의 궤도가 1531년과 1607년에 관측된 혜성들의 궤도와 거의 일치한다는 사실을 발견했어요. 3개의 혜성이 사실은 모두 같은 혜성이었던 것이지요! 이 사실을 바탕으로 이 혜성이 1758년 12월에 다시 돌아올 것이라는 예측을 했답니다. 핼리는 1742년에 사망했기 때문에 혜성이 돌아오는 모습을 직접 보지는 못했지만, 1758년에 그의 예측은 사실이 되었답니다. 이후로 이 혜성은 '핼리 혜성'으로 불리게 되었답니다. 이후에도 핼리 혜성은 1835년, 1910년, 1986년에 다시 관측되었어요. 다음번에는 2061년 7월에 관측될 테니 우리도 한번 지켜볼까요?

천왕성

5. 1781년 3월 13일, 독일 태생의 천문학자 윌리엄 허셜이 천왕성을 발견했어요. 태양계에 또 하나의 행성이 더해진 것이지요. 허셜은 1757년에 독일을 떠나 영국에 정착했는데 당시 영국의 왕 조지 3세로부터 후원을 받고 있었답니다. 그래서 왕에게 경의를 표하기 위해 새 행성에 '조지의 별'이라는 이름을 붙였어요. 후에는 학계의 의견을 따라서 '우라노스(천왕성)'로 불리게 되었지만요.

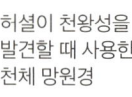

허셜이 천왕성을 발견할 때 사용한 천체 망원경

84

해왕성

6. 19세기 초에 프랑스 천문학자 알렉시 부바르는 천왕성의 궤도가 불규칙적이라는 사실을 발견했어요. 어쩌면 그 이유가 알려지지 않은 어떤 천체의 영향일지도 모른다는 추측을 했지요. 그래서 프랑스의 수학자 위르뱅 르베리에가 그 천체의 궤도를 계산하는 일에 매달리기 시작했어요. 그 결과, 1846년 르베리에가 알려준 곳을 망원경으로 관찰하던 독일의 천문학자 요한 갈레가 정말로 새로운 행성을 발견했답니다! 그것이 바로 해왕성이었어요.

세레스

7. 화성과 목성 사이의 궤도에서 태양의 둘레를 공전하는 작은 행성들을 '소행성'이라고 해요. '세레스(Ceres)'는 태양계에서 최초로 발견된 소행성이지요. 1801년 1월 1일 시칠리아 팔레르모의 천문대에서 일하던 주세페 피아치에 의해 처음 관측되었답니다. 화성과 목성 궤도 사이에 있는 넓은 공간에서 발견되었는데, 당시 사람들은 세레스가 행성이라고 생각했어요. 하지만 이후로 발견된 수많은 소행성들과 마찬가지로 행성으로 인정받지 못하고 '왜행성'으로 분류되었답니다. 세레스는 관측된 지 한 달쯤 되었을 때 갑자기 사라져 피아치를 당황하게 만들기도 했어요. 하지만 '수학의 제왕'으로 불리는 독일의 수학자 카를 프리드리히 가우스가 그 궤도를 계산으로 알아냈고, 이를 이용해 독일의 천문학자 하인리히 올베르스가 다시 세레스의 존재를 확인했어요.

외계 은하

8. 우주에 구름 모양으로 퍼져 보이는 별들을 '성운'이라고 해요. 1924년 미국 천문학자 에드윈 허블은 이런 성운 중 일부가 우리 은하에서부터 멀리 떨어진 '외계 은하'라는 것을 알아냈어요. 최초로 확인된 외계 은하는 궁수자리에 위치한 '왜소 은하'랍니다.

외계 행성

9. 외계 행성은 태양계 밖에 있는 별(항성) 주위를 도는 행성을 뜻해요. 최초의 외계 행성은 페가수스자리의 51번 별 주위에서 발견됐어요. 1995년에 스위스 천문학자인 미셸 마이어와 디디에 켈로즈가 찾아냈지요. 이후로 2022년 기준 4600개가 넘는 외계 행성이 더 발견되었답니다.

명왕성

10. 1930년에 미국 천문학자 클라이드 톰보가 발견한 명왕성은 오랫동안 태양계의 아홉 번째 행성으로 여겨졌지만, 2006년에 국제천문연맹(IAU)에서 명왕성은 더 이상 행성이 아니라고 발표했어요. 명왕성의 크기나 궤도 등이 행성의 기준과 달랐기 때문이에요.

외계 행성을 상상해서 그린 그림

우주의 미스터리 : 블랙홀

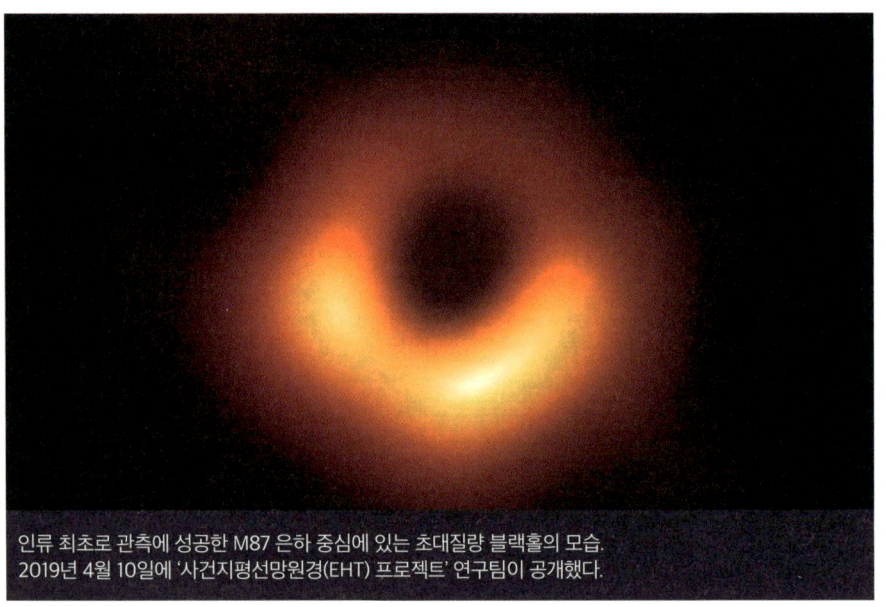

인류 최초로 관측에 성공한 M87 은하 중심에 있는 초대질량 블랙홀의 모습.
2019년 4월 10일에 '사건지평선망원경(EHT) 프로젝트' 연구팀이 공개했다.

블랙홀은 있다!

그동안 블랙홀은 직접 관측할 수 없는 미지의 대상이었어요. 하지만 2019년, 전 세계 각지의 전파 망원경을 연결하는 방식으로 연구를 진행한 '사건지평선망원경 프로젝트(EHT) 연구진은 마침내 인류 최초로 실제 **블랙홀 관측에 성공**했고, 그 공로를 인정받아 2020년 노벨 물리학상을 받았답니다! 이날 관측된 블랙홀은 지구로부터 5500만 광년 거리에 있으며, 질량은 태양의 65억 배나 된다고 해요. 이 프로젝트에는 우리나라 과학자 8명도 참여했답니다.

별의 죽음

별들도 태어나고 죽는답니다. 우주의 가스와 먼지에서 생겨난 항성은 일생을 마칠 때가 되면 마지막에 큰 폭발을 일으키며 다시 가스와 먼지로 돌아가지요. 이때 항성의 질량이 아주 좁은 공간에 압축되면서 만들어지는 것이 바로 블랙홀이에요. 따라서 **블랙홀**은 밀도가 매우 높답니다. 예를 들면 지구 전체의 질량을 고작 1센티미터짜리 구슬 안에 압축한 것과 비슷한 상태예요!

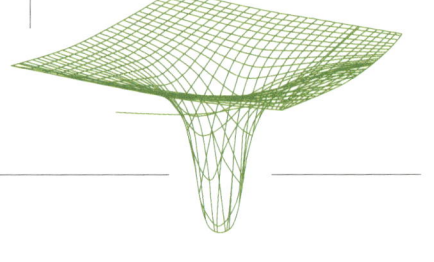

존재하지만 보이지 않는

사실 블랙홀은 '관측했다'는 표현이 맞지 않아요. 관측이 불가능한 천체이기 때문이에요. 블랙홀은 엄청난 질량이 압축되어 있고 강력한 중력을 가지고 있어서 빛마저도 빠져나올 수 없거든요. 그래서 '블랙홀(black hole_검은 구멍)'이라는 이름이 붙었지요. 2019년에 촬영된 블랙홀도 사실은 '블랙홀의 그림자'랍니다.

특이점이 있다

블랙홀의 내부에서 물질이 어떻게 되는지 이론적으로는 설명할 수 있지만, 이 흥미로운 천체를 수학적 법칙으로 정리하는 작업은 여전히 어려운 도전 과제랍니다. 블랙홀의 중심에 있는 **특이점**에서는 공간이 뒤틀리거나 밀도가 무한대가 되는 등의 현상이 일어날 것으로 예상되기 때문이에요. 즉, 블랙홀의 경계에 해당하는 '사건의 지평선'을 넘어서면 우리가 그동안 알고 있던 물리 법칙들이 전부 무너지면서 통하지 않게 되는 것이지요. 게다가 블랙홀은 물질뿐만 아니라 시간까지 왜곡시켜요. 블랙홀에 다가갈수록 시간이 느려지다가 사건의 지평선에 이르면 시간이 멈춘 것처럼 보이거든요.

우주를 탐험하다

블랙홀에서 빠져나올 수 있다고?

아인슈타인의 일반 상대성 이론에 의하면, 블랙홀은 중력이 너무 커서 우주의 모든 물질을 무한대로 빨아들이고, 한번 블랙홀 안에 들어간 것은 영원히 빠져나올 수 없다고 알려져 있었어요. 하지만 1975년, 영국의 우주물리학자 스티븐 호킹은 블랙홀이 자신의 질량을 잃어 가면서 그만큼의 에너지를 외부로 방출시킨다고 주장했어요. 그리하여 블랙홀의 질량이 서서히 줄어들다 마침내 증발하듯이 사라지게 되는 현상을 **호킹 복사**라고 불러요.

갈 수 없다면? 만들자!

우주 탐사선이 블랙홀을 방문할 수 있는 가능성은 지극히 낮아요. 만약 블랙홀에 도착한다 해도 지구로 정보를 보내 주기는 어렵겠지요. 그렇다면 우리가 직접 블랙홀을 만들어 보는 건 어떨까요? 몇 년 전만 하더라도 이런 생각은 말도 안 되는 이야기였지만, 지금은 상황이 달라졌어요! 유럽입자물리연구소(CERN)가 제네바에 건설한 최신 **입자 가속기(LHC)** 때문이지요. 입자 가속기란 전기를 띤 입자를 빠르게 가속시켜 엄청난 운동 에너지를 갖도록 하는 장치로, 빛의 속도만큼 빨라진 입자들을 충돌시키면 '미니 블랙홀'을 만들 수 있을지도 몰라요!

CERN의 입자 검출 기계 '아틀라스'를 이용한 블랙홀 시뮬레이션

블랙홀을 빠져나오는 입자?

호킹 복사는 지금까지는 이론적인 가설에 불과했으나 2016년 8월, 이스라엘 기술 연구소의 제프 슈타인하우어가 실험실에서 인공 블랙홀을 만들어 냈고, 2019년 5월에는 그 실험 결과로 호킹 복사 이론을 최초로 증명했다고 발표했답니다.

위험한 미니 블랙홀?

입자 가속기로 **인공 블랙홀**을 만든다는 소식이 알려지자 걱정하는 사람들이 생겼어요. 아무리 '미니'로 만들더라도 블랙홀은 블랙홀일 텐데, 중력으로 주변의 물질을 죄다 끌어당기지 않을까요? 그러다 그 '아기 블랙홀'이 지구를 삼키면 어떻게 해요? 하지만 이런 걱정은 할 필요가 없답니다. 실험실에서 만들어지는 양자 블랙홀은 너무 빨리 사라져서 무언가를 집어삼킬 틈도 없을 테니까요.

웜홀

아직까지 블랙홀 안에서 어떤 일이 일어나고 있는지 알아낼 방법은 없어요. 그래서 블랙홀 내부에 대한 여러 가지 가설들이 제시되고 있지요. 그중 가장 흥미로운 것은 블랙홀이 다른 시공간으로 가는 통로인 **웜홀**의 입구라고 주장하는 가설이에요. 그저 가설일 뿐이지만, 물리학자들뿐만 아니라 소설가, 영화감독 등 많은 사람들이 웜홀을 상대로 즐거운 상상의 나래를 펼치고 있답니다. 하지만 블랙홀은 어쩌면 그 어떤 창의적인 상상력으로도 예상하지 못한 놀라운 존재일지도 몰라요!

태양의 이모저모

태양의 프로필

태양은 항성이에요. 지름은 139만 2000킬로미터이고, 지구에서 약 1억 5000만 킬로미터 떨어진 곳에 위치해 있지요.

태양의 내부

태양의 내부를 이루는 물질은 **플라스마** 상태로 존재하고 있어요. 이는 전자들이 원자핵에 묶여 있지 않고 자유롭게 돌아다닌다는 뜻이지요.

광자가 우리에게 오기까지

우리에게 태양의 빛과 열을 전달해 주는 것은 빛의 알갱이, **광자**예요. 그런데 지구까지 오는 과정이 쉽지는 않답니다. 태양의 핵에서 만들어진 광자가 태양 표면에 도달하기까지 평균 20만 년이나 걸리거든요! 핵에서 출발해 복사권을 지나고, 다시 대류권을 지나, 태양의 표면인 광구에 도달해야 비로소 우주에 진입하는 거예요. 거기서부터 다시 먼 우주를 지나 우리가 사는 지구까지 오려면 정말 오랜 시간이 걸리겠지요?

태양의 흑점

태양의 표면을 관측하다 보면 검은 점이 보일 때가 있어요. 이를 태양의 **흑점**이라고 하는데, 다른 부분에 비해 온도가 조금 낮아서 검게 보이는 거예요. 이는 태양 주위 자기장의 변화 때문에 나타나는 현상으로, 예전부터 흑점에 주목한 사람들은 있었으나 최초로 관측을 해서 공식적으로 발표한 사람은 갈릴레이였답니다. 1613년에 출간한 《태양의 흑점에 관한 서한》이라는 책을 통해서였지요.

태양은 거대한 핵융합 발전소

수소 폭탄은 엄청나게 강력한 원자 폭탄이에요. 핵융합을 통해 수소를 헬륨으로 변환시키면서 막대한 에너지를 생산하는 원리지요. 핵융합은 원자핵이 쪼개지는 핵분열과는 반대로, 여러 개의 원자핵이 결합해 하나의 원자핵이 되는 반응이에요. 이때 광자와 중성 미자(전기를 띠지 않는 아주 작은 입자)도 함께 방출되고요. 태양이 에너지를 만드는 과정도 이와 같아요. 그래서 태양은 거대한 '핵융합 발전소'라고도 할 수 있지요. 핵융합이 일어나는 곳은 태양의 중심에서부터 약 25만 킬로미터까지의 영역인 '태양핵'으로, 온도는 무려 1500만 도씨에 달한답니다.

태양의 비밀

태양이 광자를 만들어 내려면 **수소**가 필요해요. 그런데 태양은 40억 년이 넘게 계속 광자를 만들어 내고 있는데 어떻게 수소가 바닥나지 않고 있는 것일까요? 그 이유는 태양에 수소가 어마어마하게 많기 때문이랍니다! 태양의 전체 질량이 1.99×10^{30} 킬로그램인데 그중 수소가 차지하는 비율이 74퍼센트나 되거든요.

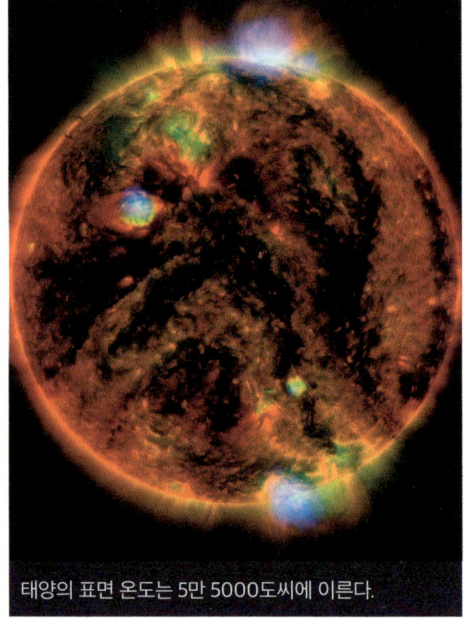

태양의 표면 온도는 5만 5000도씨에 이른다.

우주를 탐험하다

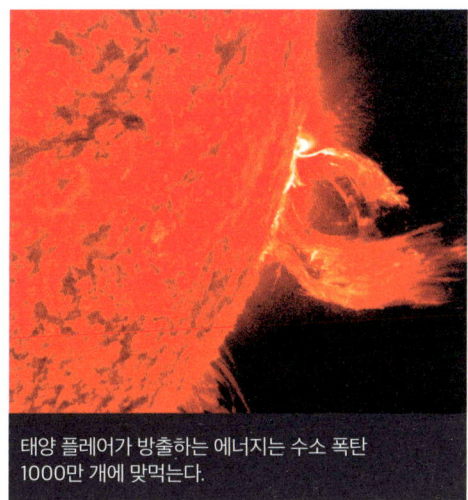
태양 플레어가 방출하는 에너지는 수소 폭탄 1000만 개에 맞먹는다.

플레어

태양의 표면은 주기적으로 폭발하는 것처럼 보이는데, 태양의 자기 활동과 관련된 이 현상을 **플레어**라고 해요. 태양의 플레어는 수소 폭탄 1000만 개에 맞먹는 엄청난 에너지를 방출해요. 때로는 이 에너지가 우주 공간으로 10만 킬로미터 넘게 뻗어 나가기도 한답니다!

오로라

극지방의 하늘에서는 신비한 **오로라**를 볼 수 있지요. 이 오로라는 언제 나타나는 것일까요? '극광'이라고도 불리는 오로라는 태양 플레어에서 분출된 입자가 지구의 대기를 만났을 때 일어나는 현상이에요. 태양에서 나와 지구의 자기권으로 들어온 입자들은 자기력선을 따라 양쪽 극지방으로 이동하는데, 이때 대기에 있는 분자들과 충돌하면서 마치 유령처럼 하늘거리며 다양한 빛을 내는 것이랍니다.

신기한 우연

일식은 지구와 달과 태양이 순서대로 일직선으로 놓였을 때 일어나는 현상이에요. 지구에서 보았을 때 달과 태양이 정확히 같은 방향에 위치하기 때문에 더 가까이 있는 달이 멀리 있는 태양을 가리는 것처럼 보이는 것이지요. 그런데 태양보다 훨씬 작은 달이 어떻게 태양을 가릴 수 있는 것일까요? 이것은 매우 신기한 우연 덕분이랍니다. 달은 태양보다 400배 작지만, 지구와 400배 더 가까이 있거든요!

태양의 죽음

커다란 별이 수명을 다하면 진화의 단계를 거치다가 마침내 그 생애를 마감하게 돼요. 태양 역시 수소 원료를 모두 소비하고 나면 강력한 헬륨 핵융합이 일어나 크기가 수천 배나 팽창하는 '적색 거성' 단계가 돼요. 이어서 물질을 모두 방출하고 서서히 식어가는 '백색 왜성'과, 더 이상 어떤 빛이나 열도 없는 '흑색 왜성'의 모습을 거쳐 완전히 죽은 별이 된답니다. 거의 45억 5000만 년 뒤에나 일어날 일이니 벌써 걱정할 필요는 없어요.

아이슬란드의 오로라

우주 정복에서 우주 탐사로

정복에서 탐사로

1947년 냉전이 본격화되면서 우주 정복 경쟁도 시작되었어요. 처음에는 러시아가 앞서 나갔지만 1969년 미국이 인류 최초로 달 착륙에 성공하면서 대세가 바뀌었지요. 지금은 국제적인 협력을 통해 많은 일들이 이루어지고 있어요. '우주 정복' 대신 '우주 탐사'라고 하는 것도 달라진 점이랍니다.

돌고, 돌고, 돌고

궤도 위성은 통신, 위치 정보, 기상 정보, 지구 관측, 우주 탐사 등 다양한 기능을 수행하고 있어요. 현재 1000개가 넘는 위성들이 지구 주위를 돌고 있답니다. 새로운 우주 사진을 보내주는 '허블 우주 망원경'과 '국제우주정거장'도 정해진 궤도를 돌고 있어요. 2000년부터는 국제우주정거장에 우주인이 머물고 있기도 하답니다. 무중력 실험과 미래의 우주 여행을 위한 연구를 수행하면서 말이에요.

무한한 우주를 향해!

1977년 미국에서 발사된 보이저 1호와 2호는 처음으로 태양계를 벗어난 우주 탐사선이에요. 외계 문명에 지구를 소개하기 위해 지구와 인류를 대표하는 소리와 사진을 담은 디스크들을 싣고 우주로 향했답니다.

국제지구물리관측년

국제학술연합회의는 지구를 체계적으로 연구하기 위해 1957부터 1958년까지 국제지구물리관측년 사업을 벌였어요. 총 67개국이 참여해 태양, 우주선, 오로라 등 지구 관측에 집중하는 기간이었지요. 그 결과 수많은 관측과 핵 기술 및 통신 기술의 발전, 용어의 국제 표준화, 남극의 과학기지 건설 등 많은 성과를 거두었답니다. 러시아가 만든 최초의 인공위성 스푸트니크 1호도 이때 발사되었어요.

국제우주정거장

우주 지질학

수십억 년 전에 만들어진 혜성이나 소행성의 암석을 연구하면 우주가 어떻게 만들어졌는지 알아내는 데 도움이 돼요. 그래서 2004년에 발사된 로제타 탐사선은 탐사 로봇 필레를 혜성에 내려놓은 뒤 2016년 10월에 여정을 끝냈어요. 필레가 혜성의 암석을 수집하기를 기대하면서요. 2016년 9월에 발사된 오시리스-렉스 탐사선은 소행성 베누의 암석 표본을 채취해 2023년에 지구로 보낼 예정이래요.

태양계 행성들을 탐사하다

유럽의 화성 탐사선 엑소마스는 2016년 화성 궤도 진입에는 성공했으나, 화성에 착륙하기로 한 스키아파렐리 착륙선이 불시착으로 폭발했어요. 그래도 과학자들은 계속해서 화성 착륙을 위한 연구를 하고 있답니다. 한편 목성 탐사선 주노는 2016년 목성의 궤도에 성공적으로 진입했고, 가스로 가득한 신비로운 행성의 자료를 지구로 보내고 있어요.

우주를 탐험하다

우주 발사체

아리안 5호는 유럽 우주국이 개발한 우주 발사체예요. 위성이나 우주선을 우주로 쏘아 올리는 로켓이지요. 현재 가장 많이 사용되는 모델인데 벌써 58건이나 임무를 수행했답니다. 아마 다음에 개발되는 발사체 모델은 더 적은 연료로, 더 무거운 것도 나르게 되겠지요. 발사된 뒤에 분리되는 추진체를 재활용하는 문제도 검토하고 있다고 해요.

소행성에서 자원을

나사(NASA)는 지구 가까이 있는 소행성에 우주선을 보내서 소행성의 물질을 가져오는 계획을 추진해 왔어요. 이제는 **3D 프린터**를 이용해 소행성에서 우주선을 제작할 계획까지 세우고 있고요. 소행성에서 채취한 금속 자원을 이용해 지구로 돌아갈 에너지를 얻겠다는 생각이지요. 이 계획의 목적은 소행성의 암석을 연구하고 귀한 광물 자원을 확보하는 것이에요. 실현되기까지는 앞으로 20년 정도는 더 시간이 필요할 것 같아요.

2016년 8월에 목성 탐사선 주노가 촬영한 목성

끝없는 탐사

현재 세계적으로 여러 **우주 탐사 계획**들이 진행되고 있어요. 유럽 우주국과 일본 우주국이 공동으로 추진한 베피 콜롬보 프로젝트에서는 2018년에 수성에 두 대의 탐사선을 발사했고, 2021년에 최초로 수성을 근접 촬영한 놀라운 사진을 보내왔답니다. 나사(NASA)와 유럽 우주국, 캐나다 우주국이 2021년 발사한 우주 망원경 '제임스 웹'은 135억 년 전의 1세대 은하와 더불어 외계 생명체가 살 수 있는 외계 행성을 관측할 예정이고요. 유럽 우주국이 발사한 솔라 오비터 위성은 태양을 탐사하는 임무를, 우주 망원경 '키옵스'는 태양계에서 가까운 외계 행성들을 관측하고 있어요. 나사(NASA)에서 쏘아올린 우주 망원경 '테스' 역시 새로운 외계 행성을 찾고 있어요.

로켓 발사!

로켓은 대부분 기다란 원통 모양에 2단 혹은 3단의 다단 구조를 가지고 있어요. 발사되고 처음 10초에서 20초 동안은 수직으로 계속 상승하다가, 단이 분리되며 떨어져 나간답니다.

2011년 7월의 아리안 5호

암흑 물질과 암흑 에너지

밤하늘이 어두운 이유

밤하늘은 왜 어두울까요? 1823년 독일의 천문학자 하인리히 올베르스는 이 질문을 두고 깊은 고민에 빠졌어요. 우주가 별로 가득 차 있다면 밤하늘은 그 무수한 별들의 빛으로 밝게 빛나야 할 테니 말이에요. '올베르스의 역설'이라 불리는 이 문제는 제기된 지 1세기도 더 지난 1929년에서야 풀렸어요. 미국의 천문학자 에드윈 허블이 우주의 팽창을 발견한 것이지요. 우주가 팽창하면서 별과 은하들은 지구로부터 점점 멀어지고 있기 때문에 밤에는 어두운 것이랍니다. 만약 우주가 팽창하지 않고 고정되어 있었다면 밤도 낮처럼 환했을 거예요!

비밀에 싸인 우주 에너지

1905년 아인슈타인은 그 유명한 특수 상대성 이론에서 에너지(E)와 질량(m), 빛의 속도(c) 사이의 관계를 $E=mc^2$이라는 방정식으로 정리했어요. 사람들은 이 법칙을 통해 물질과 에너지가 서로 변환된다는 사실을 알게 되었지요. 그런데 우리는 우주의 에너지에 대해서 아직 모르는 것이 너무 많아요. 최근의 결과에 따르면 우리 눈에 보이는 천체는 약 10^{24}개나 된다고 해요. 그런데 이 어마어마한 수의 별들이 우주 전체의 질량에서 차지하는 비율은 고작 1.5퍼센트를 조금 넘기는 수준에 불과하다는 거예요!

$$E = \frac{mc^2}{\sqrt{1-\frac{v^2}{c^2}}}$$

우주의 구성 성분

우주를 구성하고 있는 것은 대부분 암흑 에너지와 암흑 물질이에요. 둘 다 눈에 보이지 않고, 그 성질이 알려져 있지 않다는 공통점이 있지요.

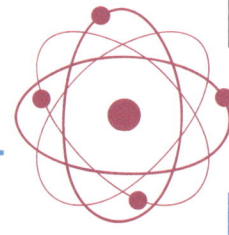

우주 상수의 반전

그동안 학자들은 중력에 의해 우주가 팽창하는 속도가 조금씩 줄어들고 있으리라 여겼지요. 그런데 1998년에 우주가 점점 더 빠르게 팽창하고 있다는 사실이 밝혀졌어요. 이것은 끌어당기는 중력과 정반대 힘인 '척력'으로 작용하는 암흑 에너지가 있어야 한다는 뜻이에요. 그런데 아인슈타인이 내놓았다가 다시 철회한 우주 상수를 도입하면 간단히 설명할 수 있답니다. 우주 상수는 아인슈타인이 정적인 우주를 설명하기 위해 사용한 '척력'인데, 우주가 멈춰 있는 것이 아니라 팽창하고 있음이 알려진 뒤에는 무시를 당했지만, 조만간 빛을 볼지도 몰라요!

플랑크 위성의 활약

유럽 우주국이 2009년에 발사한 플랑크 위성은 우주의 기원과 성분에 관한 정보를 얻는 임무를 띤 우주 망원경이에요. 그동안 플랑크 위성이 수집한 자료는 특히 우주의 에너지 밀도 분포와 암흑 에너지의 비율을 보다 정확하게 밝히는 데 도움이 되었답니다.

2013년의 플랑크 위성

우주를 탐험하다

암흑 에너지

1998년 세 명의 미국 과학자 사울 펄무터, 브라이언 슈미트, 아담 리스는 우주의 **팽창 속도**가 점점 빨라지고 있음을 발견한 공로로 2011년 노벨 물리학상을 받았어요. 세 사람은 이 현상을 설명하기 위해 미지의 성질을 가진 어떤 에너지가 있다고 가정했어요. 우리가 아는 중력과는 반대로 작용하는 '음의 압력'을 가진 에너지가 있다고 본 거예요. 이후 그 에너지는 '암흑 에너지'라고 불리게 되었고, 암흑 에너지는 우주의 전체 질량(에너지)의 68퍼센트 이상을 차지하고 있는 것으로 보여요.

입자와 반입자

빅뱅이 일어난 이후 물질을 구성하는 기본 요소들은 **입자**와 **반입자**로 쌍을 이루어 생겨났어요. 반입자는 보통 입자와 질량은 같지만 성질 등은 완전히 반대인 입자를 가리켜요. 그런데 입자와 반입자는 전기적인 성질이 정반대이기 때문에 만나면 서로 영향을 주어 소멸해 버려요. 만약 모든 입자가 자신과 반대되는 반입자를 가졌다면 이 세상은 전부 사라져 버렸을 텐데, 어떻게 현재와 같은 우주를 이루게 된 걸까요? 이 문제에 대해서는 아직도 의견이 분분하답니다. 어떤 물리학자들은 입자와 반입자의 대칭이 완벽하지 않기 때문이라고 하고, 또 다른 물리학자들은 우리가 관측할 수 있는 경계를 넘어선 어딘가에 반입자가 계속 존재하고 있을 것이라고 하지요.

우주를 이루는 것들

우주 전체 물질-에너지의 32퍼센트를 차지하는 물질 중에서 관측이 가능한 것은 고작 **0.5퍼센트**뿐이에요. 나머지 중 4.5퍼센트는 빛을 내는 물질을 이루는 입자와 동일한 입자로 이루어진 '평범한' 암흑 물질이고, 27퍼센트는 아직 그 성질이 수수께끼로 남아 있는 '신비로운' 암흑 물질이랍니다. 현재 블랙홀과 중성 미자는 암흑 물질 후보에서 제외되었는데, 암흑 물질이라기엔 그 질량이 매우 부족하기 때문이랍니다.

암흑 물질(파란색)과 고온의 가스(초록색), 은하가 분포된 우주

화성으로 가다

다음 목표는 화성!

화성은 지구에서 평균 7600만 킬로미터 떨어진 곳에 위치하고 있어요. 금성 다음으로 지구와 가장 가까운 행성이지요. 인류는 1969년 아폴로 계획으로 달 착륙에 성공했어요. 그리고 바로 이 '붉은 행성' 화성을 다음 목적지로 생각하고 있지요. 거리는 금성이 더 가깝지만 금성은 태양과 너무 붙어 있어서 접근이 힘들거든요. 하지만 인간이 직접 화성 탐사에 나서기까지는 앞으로 많은 어려움이 따를 것으로 보여요.

화성 탐사를 위한 두 가지 계획

화성 탐사에 걸리는 시간을 최소화하려면 출발 시점을 잘 잡고, 돌아오는 과정도 잘 생각해 놓아야 해요. 몇 년에 한 번씩 화성과 지구가 가까워지는 시기가 오니 계획을 잘 세워야겠지요. 현재는 두 가지 계획이 검토 중이랍니다. 하나는 전체 여정을 910일로 잡고, 화성에는 550일 동안 머무는 거예요. 나머지 날들은 오가는 동안 쓰이겠지요. 다른 하나는 전체 여정을 640일로 줄이는 대신 화성에는 30일 정도만 머물고 지구로 돌아오는 기간에 430일을 쓰는 것이고요.

화성 착륙 작전

화성에 착륙하는 일은 달이나 지구에 비해 훨씬 까다로워요. 화성의 중력은 지구의 약 37퍼센트에 불과할 정도로 약한 편이에요. 하지만 대기가 매우 얇어서 대기권을 통과하기가 지구보다 쉽기 때문에, 이 정도 중력만 있어도 엄청난 속도로 착륙하게 될 거예요. 그래서 화성에 착륙하려면 강력한 브레이크나, 고성능의 낙하산이 필요해요.

화성과 지구

태양으로부터 지구는 약 1억 4960만 킬로미터, 화성은 약 2억 2794만 킬로미터 떨어져 있어요. 서로 다른 속도로 태양을 돌고 있지요. 그래서 화성에 접근하려면 그 궤도를 계산해서 가장 적당한 시기를 잡아야 해요. 천문학에서는 화성과 태양이 지구를 가운데 두고 서로 정반대에 위치하는 시기를 '충(衝)'이라고 불러요. 이때가 두 행성이 가장 가까워지는 시기랍니다. 이 시기를 놓치면 지구와 화성의 사이의 거리는 어마어마하게 멀어질 수도 있어요. 예를 들어 2016년 5월에는 지구와 화성의 거리가 7530만 킬로미터였으나, 2018년에는 5760만 킬로미터까지 가까워졌었지요. 하지만 이 거리는 시간이 지나면 4억 킬로미터까지 멀어질 수도 있어요!

지금은 열악하지만

현재 화성의 표면은 아주 열악한 환경이에요. 태양의 위협적인 자외선에 노출되어 있고, 물이 꽁꽁 얼어 있을 만큼 온도가 낮아요. 40억 년 전의 화성은 지금보다 훨씬 쾌적한 환경을 가지고 있었대요. 자기장에 의해 보호받고 있었기 때문이지요. 그러니 어쩌면 그 당시에는 화성에 생명체가 살 수 있었는지도 몰라요.

우주를 탐험하다

화성까지 짐 나르기

화성 탐사가 어려운 이유 중 하나는 화성에 기지를 건설하기가 어렵다는 것이에요. 필요한 장비의 양이 많아서 로켓으로 화성까지 실어 나르려면 최소 세 번은 가야 하거든요. 이 문제를 해결하기 위해서 '사전 배치' 방식이 검토되고 있답니다. 장비를 실은 무인 탐사선 두 대가 먼저 출발해서 화성 궤도에 진입하는 것이지요. 그런 다음 우주 비행사를 태운 세 번째 유인 탐사선의 도착을 기다리는 거예요.

유인 화성 탐사 프로젝트

세계 여러 국가의 우주국에서 **유인 화성 탐사**에 관심을 가지고 있지요. 우주국만 관심을 가지고 있는 건 아니랍니다. 예를 들어 미국의 나사(NASA)는 2035년에 최초의 유인 탐사를 계획하고 있는데, '마스 소사이어티'라는 국제 단체는 탐사 비용을 줄이기 위한 방법으로 '마스 다이렉트 프로젝트'를 제안하고 있지요. 지구에 귀환하기 위해 필요한 우주선의 연료를 화성에서 직접 구하자는 내용이에요. 미국의 억만장자 일론 머스크는 민간 우주업체 '스페이스X'를 설립해 2024년까지 화성에 유인 탐사선을 보낼 계획이라고 발표했고, 화성 정착 프로젝트인 '마스 원'을 통해 지원자들을 화성으로 보내는 계획을 2026년부터 실행할 예정이라고 해요. 물론 이 지원자들은 지구로 다시 돌아오지 않을 것이기 때문에 '편도로' 화성에 가게 되겠지요.

화성 탐사 로봇 '큐리오시티'가 2016년 1월 19일에 화성 나미브 언덕에서 찍은 '셀카'. 화성의 모래 성분을 지구가 아닌 화성 현지에서 연구한 것은 큐리오시티가 최초다. 나미브 언덕은 2층 건물 높이로, 지구 시간 기준으로 1년에 약 1미터씩 움직인다.

살아남을 수 있을까?

미래에 화성을 개척하게 될 사람들은 왕복 1년이 걸리는 우주 항해를 견디고, 길게는 2년까지 화성 기지에 머물러야 해요. 그로 인해 어떤 신체적·정신적 문제를 겪게 될지는 아직 아무도 알 수 없지요. 그래서 모의 화성 탐사 프로젝트인 **마스 500**은 밀폐된 환경에서 인간의 생존력을 테스트하는 실험을 진행했어요. 프랑스의 비행사 시릴 푸르니에를 포함해 6명이 지원을 했지요. 이들은 2010년 6월부터 2011년 11월까지 520일 동안 우주선과 화성 기지를 본떠 만든 모스크바 근처의 어느 시설에서 생활했답니다. 장시간의 격리 생활이 인간에게 어떤 영향을 미치는지 살펴보기 위해서였지요.

화성의 거대 협곡 '캐즈마 보리얼'

찾아보기

알파벳

X선 34~35쪽

ㄱ

가이아 이론 28~29쪽
갈릴레이 70~71쪽, 84~85쪽
결정 14~15쪽
기압 16~17쪽, 68~69쪽

ㄴ

날씨 24~25쪽

ㄷ

달 80~81쪽
대륙 이동설 8~9쪽, 18~19쪽

ㅁ

맨틀 8~9쪽, 18~19쪽
맨해튼 프로젝트 36~37쪽

ㅂ

바다 22~23쪽, 26~27쪽, 40~41쪽
바람 24~25쪽, 54~55쪽
방사능 34~35쪽
별자리 62~63쪽, 72~73쪽
블랙홀 86~87쪽
빅바운스 60~61쪽
빅뱅 58~59쪽, 60~61쪽

ㅅ

소행성 80~81쪽, 84~85쪽, 90~91쪽
스쿠버 26~27쪽
쓰레기 50~51쪽

ㅇ

액정 14~15쪽
온도 16~17쪽
외계 생명체 82~83쪽, 84~85쪽, 90~91쪽
유기농 52~53쪽
인공위성 90~91쪽
일기 예보 24~25쪽

ㅈ

자기장 20~21쪽
자석 20~21쪽
잠수 26~27쪽
지각 8~9쪽, 10~11쪽, 18~19쪽
지구 8~9쪽, 10~11쪽, 18~19쪽, 20~21쪽, 28~29쪽
지구 온난화 40~41쪽

ㅊ

천문대 76~77쪽, 78~79쪽

ㅋ

코크스 32~33쪽
코페르니쿠스 64~65쪽

ㅌ

태양 40~41쪽, 54~55쪽, 80~81쪽, 88~89쪽

태양계 72~73쪽, 80~81쪽, 84~85쪽

ㅍ

프톨레마이오스 62~63쪽
플라스틱 38~39쪽, 50~51쪽

ㅎ

항성 8~9쪽, 86~87쪽, 88~89쪽
해령 18~19쪽, 23~24쪽
핵무기 36~37쪽
행성 62~63쪽, 72~73쪽, 76~77쪽, 80~81쪽, 82~83쪽, 84~85쪽, 90~91쪽
혜성 72~73쪽, 80~81쪽, 84~85쪽, 90~91쪽
화성 82~83쪽, 90~91쪽, 94~95쪽

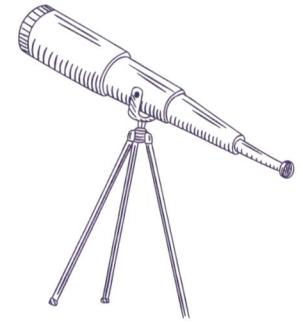

이미지 자료 출처

Archives Larousse : 9쪽 상단 및 하단, 10쪽 상단 - Ph. Jeanbor © Archives Larbor; 10쪽 하단 -Ph. © Psamtik/Fotolia.com; 12쪽, 13쪽 좌측 - Ph. Jeanbor © Archives Larbor; 23쪽 - Dessin Adolphe Millot; 32쪽 상단 - Ph. © Archives Nathan; 35쪽, 37쪽 하단 - Ph. US Air Force; 40쪽 하단 - Ph. © Mount Wilson Observatory - California Institute of Technology - Archives Larbor; 46쪽 - Ph. A. Marnat; 48쪽 - Ph. Coll. Archives Larbor; 62쪽 상단 - Ph. Coll. Archives Nathan; 62쪽 하단 - Ph. Coll. Archives Larbor; 63쪽 - Ph. Coll.Archives Nathan; 64쪽 좌측, 66쪽 하단 - Jean-Loup Charmet © Archives Larbor; 71쪽 하단 - © Observatoire de Paris - Archives Larbor; 72쪽, 73쪽 상단 - Ph. © David Malin/Anglo-Australian Telescope Board; 77쪽, 78쪽 상단 - Ph. Dornac © Archives Larbor; 84쪽 좌측 - Ph. © H.Roy - Société astronomique de France - Archives Larbor; 84쪽 우측 - Ph. © Zphoto/Fotolia.com;

© Alexander Van Driessche : 15쪽 상단 - © Alain Riazuelo/IAP, 36쪽

© CERN : 87쪽 상단 - 2007 CERN;

© Cosmos : 15쪽 하단 - James Bell/SPL/COSMOS; 19쪽 상단 - Bernhard Edmaier/SPL/COSMOS; 27쪽 상단 좌측 - Alexis Rosenfeld/SPL/COSMOS; 37쪽 상단 - Los Alamos National Laboratory/SPL/COSMOS; 38쪽 우측 - Peggy Greb/US Department of Agriculture/Science Photo Library/COSMOS; 43쪽 하단 - George Steinmetz/Cosmos; 49쪽 좌측 - Bryson Biomedical Illustrations/Custom Medical Stock Photos/SPL/C; 55쪽 - Paul Rapson/SPL/COSMOS; 58쪽 상단 - Jean-François Podvein/SPL/COSMO; 61쪽 상단 - Mehau Kulyk/SPL/COSMOS; 61쪽 하단 - Mehau Kulyk/SPL/COSMOS;

© EHT : 86쪽 상단

© ESA : 6쪽, 7쪽, 8쪽, 25쪽 - Ph. S. Corvaja; 28쪽 상단 우측 - ESA; 40쪽, 50쪽 우측 - Spacejunk 3D, LLC; 80쪽 - ESA/NASA; 82쪽 - Hubble/ESA; 90쪽, 91쪽 하단 - Ph. © P. Baudon/Areinespace/ESA; 93쪽 상단

© ESO : 75쪽 - H.Zodet; 78쪽 하단

© NASA : 56쪽 - JPL-Caltech/NASA; 57쪽, 79쪽, 81쪽 - Ph. © Loke Kun Tan/NASA - DR; 83쪽 - NASA/JPL/University of Arizona; 85쪽 - JPL-Caltech/NASA; 88쪽 - NASA/JPL-Caltech/GSFC/JAXA; 89쪽 상단; 91쪽 우측 - NASA/JPL-Caltech; 93쪽 하단 - NASA, ESA, CFHT, CXO, M.J.Jee (University of California, Davis) and A.Mahdavi (San Francisco State University); 94쪽 - NASA, J.Bell (Cornell U.) and M.Wolff (SSI); 95쪽 상단 - JPL Caltech/MSSS/NASA; 95쪽 하단 - JPL Caltech/ASU/NASA;

© NOAA : 19쪽 하단

© Saget : 45쪽

© Shutterstock : 13쪽 우측, 14쪽, 17쪽 상단 우측, 18쪽, 22쪽 상단 및 하단, 26쪽, 27쪽 상단 우측, 27쪽 하단, 28쪽 하단 우측, 29쪽, 30쪽, 31쪽, 32쪽 하단, 33쪽, 156쪽 좌측, 157쪽, 159쪽 좌측, 159쪽 우측, 42쪽, 43쪽 상단, 44쪽 상단 및 하단, 47쪽 상단, 47쪽 하단, 49쪽 우측, 50쪽 좌측, 51쪽, 52쪽, 53쪽, 54쪽, 59쪽, 60쪽, 73쪽 하단, 81쪽 상단, 89쪽 하단

© Wellcome Images : 10쪽 우측, 11쪽 하단, 16쪽, 17쪽 하단, 17쪽 상단 좌측, 20쪽 상단, 20쪽 하단, 21쪽 상단, 34쪽 좌측, 34쪽 우측, 66쪽 상단, 69쪽 상단

© Wikimedia Commons : 24쪽 하단 좌측 - BREEZE Software; 49쪽 하단 - Bmramon;

* 기타 본문의 모든 도면과 이미지의 출처는 Shutterstock.com.입니다.